Clemens Maria Mohr

Aktiviere Deine Kraft!

Ein ganzheitlicher Leitfaden
für den Erfolg

VERLAG PETER ERD · MÜNCHEN

*Für meine Frau Jeanette,
die mir durch ihr Vertrauen
und ihre unendliche Zuversicht
meine Arbeit erst ermöglicht.*

Umwelthinweis:
Alle bedruckten Materialien dieses Buches
sind chlorfrei und umweltfreundlich

1. Auflage 1996
Umschlaggestaltung: Studio Höpfner-Thoma, München
Umschlagfoto: Image Bank, München
Illustrationen: Rainer Michel
Copyright © Verlag Peter Erd München 1996
Alle Rechte, auch die des auszugsweisen Nachdrucks,
der Übersetzung und jeglicher Widergabe, vorbehalten.
Satz: Fotosatz Lenk, Zahling

ISBN 3-8138-0422-4

Inhalt

Einleitung 6

I. Die geistigen Gesetze 13

Bewußtsein – Unterbewußtsein 15
Das kollektive Unterbewußtsein 36
– Das kollektive Unterbewußtsein
  zwischen Mensch, Tier und Pflanze 39
– Die Wirkungsweise des kollektiven Unterbewußtseins 41
    Gefilterte Wahrnehmung 42
    Unterbewußte gefilterte Wahrnehmung 44
    Gefilterte Wahrnehmung von außen 46
Der Spiegel 50
Probleme 59
Der Zufall 64
Absolute Eigenverantwortlichkeit 67
Was wir geben, bekommen wir zurück 70
Willkommen im Club 76
Der Test 79

II. Die Programmierung 89

Bilder 92
Leitsätze 102
Symbole 107
Meditation 108

Ziele 115
Das Programm 134
Glaube 139
Literatur 141
Stichwortverzeichnis 144

Einleitung

Die untergehende Sonne schien mir von hinten über die Schulter und beleuchtete die Zeilen, die mich derart fesselten, wie es noch kein Buch zuvor getan hatte. Daß ich seit Stunden über einem Buch saß, war nicht unbedingt ungewöhnlich, nur daß die Sonne mich auf einem Balkon beschien, der zum Haus meiner Schwiegereltern gehört – 300 km weg von daheim. Mitten in der dicksten Familienzusammenkunft – aus allen Teilen des Landes waren die Mitglieder anläßlich des Hohentwiel-Festes in Singen angereist – sitzt da einer im hintersten Eck, beteiligt sich an keinem Gespräch, gibt nur knappe Antworten und steckt immer wieder nur demonstrativ die Nase zwischen bedrucktes Papier. Dabei sieht er den Rest der Familie nur ein- bis zweimal im Jahr, zu diversen Feiertagen oder aber zum traditionellen Burgfest auf dem Tafelberg am Bodensee. Nein, es war keine Flucht aus familiären Pflichtveranstaltungen, dafür sind die in der Regel zu unterhaltsam. Es war wirklich tiefes Interesse an einer für mich völlig neuen Problematik. Es war sogar Faszination.
Ich bin in einem katholischen Elternhaus mit sehr enger Beziehung zur Kirche aufgewachsen. Mein Vater war nebenberuflich Verwalter der Kirchengemeinde. Diesen Job unterstützte die ganze Familie. Meine Mutter wusch die Meßgewänder des Pastors und die Kinder waren Meßdiener und Mädchen für alles – und immer mit dabei.
Diese enge Bindung löste sich rasch mit zunehmendem Alter und wachsender Reife. Für mich stand die Lehre der Kirche zu wenig im Einklang mit dem Leben – mit dem, das die Kirchenoberen führten, und mit dem, das »der kleine Mann auf der Straße« führte.
Lebenshilfe war gefordert, aber nicht gegeben.
Somit trennte ich mich auch rigoros von Begriffen wie Gott, Jesus und sogar Glaube.
Ja, ich erinnere mich, daß ich irgendwann einmal fast erschrocken feststellte, daß ich an nichts glaubte. Und dann dieses Buch!
Mein Weltbild und mein Glaube schienen sich in kürzester Zeit nochmals aufzurichten. Wenn auch beileibe nicht in der heutigen

Form, aber für die damaligen Verhältnisse doch recht dramatisch. Da erklärte ein gewisser Dr. Joseph Murphy, ein mir bis dahin gänzlich unbekannter Amerikaner, daß wir eine Instanz namens Unterbewußtsein in uns hätten, die unser Leben entscheidend leitet. Und daß wir dieses Unterbewußtsein durch unsere Gedanken programmieren. So wie wir denken, so sind wir. Die Basis für unser gesamtes Leben – ob nun Gesundheit, Glück, Erfolg, Wohlstand, Liebe, Partnerschaft – sind unsere Gedanken.

Wir entscheiden über das, was uns passiert, und sonst niemand.

Und dieses Unterbewußtsein setzt Murphy auch als Synonym für Gott, die Schöpferkraft.

Glaube versetzt Berge – so steht es schon in der Bibel.

Bei mir läuteten sofort alle Glocken Sturm. »So ein Blödsinn«, dachte ich. Da lernt man jahrelang in der Schule, man studiert, arbeitet, macht seine Erfahrungen, und dann kommt einer, der einem erzählt, man müßte nur richtig denken. Das war doch nun wirklich zu einfach! Oder doch nicht?

Die Idee war eigentlich zu primitiv, als daß man sie hätte erfinden können.

Mit jedem Satz, den ich las, mit jeder Seite, die ich verschlang, wuchs in mir die Gewißheit: das ist es! Der Gedanke ist die Basis! Wir sind in vollem Umfang eigenverantwortlich! Wir gestalten unser Leben durch die Art wie wir denken! Ich war begeistert.

In den Zwangslesepausen, in denen ich zum Essen mußte – um den Familienfrieden nicht ganz zu stören, kam ich der Bitte nach – erzählte ich enthusiastisch von dem, was ich gerade erfahren hatte. Für die anderen war das Ganze ebenso neu wie für mich.

Es mag an der Art meiner Übermittlung gelegen haben, die Reaktionen waren entweder sehr zurückhaltend (»na ja?!«) oder aber abweisend. Besonders ein Schwager von mir befand sich deutlich auf der Stufe, auf der ich noch einige Seiten und Abschnitte zuvor gewesen war: »So ein Blödsinn!«

Plötzlich wurde zum allgemeinen Aufbruch geblasen. »Was nun?«, dachte ich. Doch dann erinnerte ich mich – zwischen den Gedanken an die Möglichkeit, meine Wünsche zu erfüllen und der Aussicht auf ständige Gesundheit – an den eigentlichen Anlaß unseres Besuches. Ach ja, das Hohentwiel-Fest. Zur Erklärung: der Hohentwiel ist ein

Tafelberg mit einer mittelalterlichen Burgruine. Jeden Sommer findet in den alten Gemäuern eine grandioses Volksfest statt. Unnütz zu sagen, daß sich eine schier unüberschaubare Menge Menschen ebendorthin bewegte. Auch wir taten dies, mit Kindern und Kinderwagen, mit dem ganzen Anhang einer eigens angereisten Familienschar. Ich folgte mit leichter Wehmut. Das Buch hatte ich zu Hause gelassen – ich wollte den Familienfrieden nicht noch stärker strapazieren.
Um ein Verkehrschaos zu vermeiden, wird der ohnehin kleine Berg anläßlich des Festes für Autos gesperrt und Autobusse bringen im Pendelverkehr die Massen nach oben.
Stellen Sie sich die Szene vor: alle paar Minuten kommt ein Bus angefahren, noch bevor er richtig zum Stillstand gekommen ist und die Türen wirklich offen sind, stürmt eine Menschentraube wildentschlossen nach vorne, drückt, schiebt, drängelt, presst sich in den Bus bis dieser übersatt die Türen schließt, wobei immer wieder ein paar arme Kerle feststellen, daß sie nach dem Türeschließen nicht drinnen, sondern dazwischen oder sogar noch draußen sind. Und wir in dieser Menge mit Kinderwagen!
Nachdem wir mehrere erfolglose Versuche gestartet hatten – sperrige Teile eignen sich sehr schlecht zum erfolgreichen Drängeln – sagte der besagte kritische Schwager in einem der Situation angebrachten entnervten Ton zu mir: »Jetzt mach doch mal was mit deinem Positiven Denken! Mach, daß der Bus hier hält, und vor uns die Tür aufgeht!«
Ich fühlte mich angesichts der Aussichtslosigkeit der Situation etwas verkohlt. Und außerdem war ich ja noch Anfänger! Nur ein paar Stunden etwas davon gewußt und dann schon ein Wunder vollbringen, also wirklich! Was also tun?
Auf der einen Seite sah ich das Chaos um mich herum, auf der anderen Seite war ich doch an meiner Ehre gepackt. Also begann ich zu überlegen, wie ich das Unmögliche möglich machen könnte. Die Blöße wollte ich mir nicht geben! Und tatsächlich kam mir eine Idee: Die Busse mußten in unserer Nähe wenden, um dann – bereits in Richtung nach oben – die Menschenmassen aufzunehmen. Bei diesem Wendevorgang lief ich zu einem der Busse, sprach den Fahrer an und erklärte ihm unsere etwas sperrige Transportsituation. *Und Bingo!*
Ich konnte mir ein Grinsen nicht verwehren (in Wirklichkeit habe ich hämisch gelacht!) – der Bus hielt wirklich genau an der Stelle, an der

es mein Schwager gefordert hatte. Die Kraft der Gedanken?! Ich war selbst erstaunt. Sollte dies wirklich auf mein Denken zurückzuführen sein? Schließlich hatte ich ja mit dem Fahrer gesprochen. Aber dies änderte nichts an der Tatsache, daß ich es zunächst einmal *gedacht* hatte, und es dann wirklich so war. Der Weg, wie man das Ziel erreicht – das lernte ich später noch genauer – ist sekundär. Und außerdem war ja nicht von Hokuspokus die Rede oder von gebratenen Tauben, die einem in den Mund fliegen. Hätte ich es nicht gedacht, wäre ich ja nie auf diese Idee gekommen.
Es war wirklich mein erstes Erfolgserlebnis mit der Methode!
Und von da an ließ mich das Thema nicht mehr los.
Mir schien die Darstellung von Joseph Murphy jedoch in vielen Bereichen etwas zu einfach. Der Grundgedanke war faszinierend, die erklärenden Hintergründe aber fehlten bzw. waren mir persönlich nicht exakt und wissenschaftlich genug. Es fehlte mir die logische Erklärung. Ich hatte kurz vorher ein sportwissenschaftliches Studium mit einem Diplom abgeschlossen und dabei auch die Sportpsychologie mit dem allgemein bekannten Mentaltraining detailliert kennengelernt. Gab es hier Verbindungen? Zweifelsohne, aber wie waren sie zu erklären und vor allem, was steckte dahinter? Diesen Fragen wollte ich auf den Grund gehen.
Ich möchte Ihnen, die Sie jetzt genausowenig zufällig dieses Buch lesen wie ich damals das Buch »Die Macht des Unterbewußtseins« von Dr. Joseph Murphy, meine Ergebnisse vorstellen. Inzwischen habe ich aus meinen Erkenntnissen einen Beruf gemacht. Ich bin heute Management-Trainer zum Thema Motivation und Erfolg. Nachdem ich die wissenschaftlichen Hintergründe ausgiebig erforscht hatte, war es relativ einfach, den Menschen diese Inhalte zu vermitteln und ihnen vor allem klare Handlungsanweisungen für ihre tägliche Praxis zu geben. Es hat sich dabei gezeigt, daß selbst bei einer relativ engen Zielsetzung, wie sie in Betrieben oft zu finden ist, nur ein ganzheitliches Vorgehen den Erfolg auf Dauer wirklich garantiert.
Picken Sie sich aus dem Buch das heraus, was Ihnen nützlich scheint. Kombinieren Sie es mit Ihrer bisherigen Sicht des Lebens. Ich möchte Ihnen kein Fertigmenü anbieten, sondern eher die Grundlagen des Kochens beibringen, damit Sie sich selbst jederzeit Ihr Lieblingsgericht zubereiten können.

Oder lassen Sie es mich mit einem Bild meiner Kollegin Vera F. Birkenbihl sagen:
Sehen Sie dieses Buch wie einen Supermarkt. Alle Ideen, die ich hier vorstelle sind wie Waren, die in einem Supermarkt in die Regale gelegt werden. Sie haben nun einen großen Einkaufswagen und können all das einpacken und mitnehmen, was Ihnen gefällt. Sie können natürlich auch etwas liegen lassen.
Ich persönlich habe lange gebraucht, um alle Inhalte in meinen Wagen zu packen. Ich kann also gut verstehen, wenn Sie das ein oder andere noch liegen lassen wollen. Wichtig ist, daß Sie wissen, wo es liegt. Vielleicht gehen Sie ja nach einiger Zeit wieder einmal durch die Regale und holen sich etwas Neues mit.
Und das Tolle an all dem: alle Waren, die Sie mitnehmen, sind schon bezahlt! Sie können also ruhig fleißig einpacken! Sie können dabei nur gewinnen!

Hallo, ich möchte mich zuerst einmal vorstellen:
Ich bin nicht etwa irgendeine Schlange. Wenn Sie genau hinsehen, dann werden Sie feststellen, daß mein Körper in einer ganz bestimmten Form gewunden ist. Und diese Form ist das handgeschriebene »Ja«.
Das »Ja« ist – wie Sie sehen werden – ein wichtiger Aspekt dieses Buches.
Ich möchte Sie an bestimmten Teilen dieses Buches auffordern, »ja« zu sagen und einfach verschiedene kleine Übungen, die ganz schnell ausgeführt sind, einmal

mitzumachen.

Hierdurch gelingt es Ihnen, die Inhalte noch schneller und dauerhafter zu be-»greifen«.

*Nimm
Dein Leben
selbst
in die Hand.*

Du hast die Kraft!

I.
Die geistigen Gesetze

*Wir sind das Produkt
unserer Gedanken.*

*Die Art unseres Denkens
wirkt verursachend
in allen Bereichen
unseres Lebens.*

Bewußtsein – Unterbewußtsein

Ich werde in meiner Tätigkeit als Coach und Trainer zum Thema Erfolg und Motivation oft gefragt, warum der mentale, der geistige Bereich in meiner Arbeit so weit im Vorgrund stehe, warum ich mich mit dem »Denken« beschäftige, anstatt mit dem »Tun«. Es wäre doch viel gescheiter, erfolgreich zu verhandeln, erfolgreich zu verkaufen, erfolgreich seine Mitarbeiter zu führen und zu motivieren, als nur erfolgreich zu denken!
Aber überlegen wir doch einmal:
Im Grunde ist doch alles – in der kleinsten Einheit – ein Gedanke.
Alles, was wir *tun,* müssen wir zunächst einmal denken. Wir können keinen Schritt vor den anderen setzen, ohne es zu denken. Nicht unbedingt bewußt, aber zumindest unbewußt.
Alles, was wir *sagen,* müssen wir zunächst einmal denken. (Auch wenn es sich zugegebenermaßen bei manchen nicht unbedingt so anhört!)
Alles, was wir *wahrnehmen* mit unseren fünf Sinnen – also *sehen, hören, riechen, schmecken und fühlen* (im Sinne von tasten) – fällt nicht einfach in einen großen Trichter in uns hinein, sondern wir machen uns, wie man so schön sagt, unsere Gedanken. Wir verarbeiten alle Wahrnehmungen zu eigenen Gedanken und erst diese werden dann gespeichert.
Aber auch alles, was heute *existiert,* mußte irgendwann einmal gedacht werden. Jeder Gegenstand, jedes Projekt mußte zunächst einmal als Idee vorhanden sein. Und aus dieser Idee, aus diesem Gedanken, wurde ein Plan und daraus erst die Realisierung.
Und auch unsere *Gefühle,* die wir normalerweise im »Bauch« empfinden, sind im Grunde ein Gedanke. Wenn wir an etwas Bestimmtes denken oder eine für uns wichtige Nachricht erhalten, reagieren wir mit Gefühlen.
Alles was ist, ist in der Urform ein Gedanke.
Deshalb ist es sinnvoll, sich mit dem Denken, dem mentalen Bereich

zu beschäftigen. Dann hat man nämlich alle anderen Bereiche quasi »in einem Aufwasch« mit erledigt!
Wenn wir aber beim Thema »Denken« sind, sind wir natürlich auch ganz schnell bei unserem menschlichen Geist, der ja ganz offensichtlich dieses Denken zustande bringt.
Und dieser menschliche Geist splittet sich – grob – in zwei Bereiche:

1. Bewußtsein
Dieser erste Bereich ist das, was wir als Verstand bezeichnen. Unsere Ratio, die uns durch dieses Leben manövriert, indem wir Dinge wahrnehmen, sie bewerten und schließlich (logische) Schlüsse daraus ziehen und – wohlüberlegte – Entscheidungen treffen. Diesen Verstand haben wir in unserer Gesellschaftsform sehr lieb gewonnen. Wir sind stolz darauf, erziehen unsere Kinder schon früh zum »logischen Denken« und teilen sogar die Bevölkerung auf in verschiedene Klassen verstandesmäßigen Denkens.

Ganz oben stehen die Akademiker und wenn diese außerdem irgendwelche Titel führen, mit denen sie nach außen deutlich zeigen, daß sie mehr »verstehen« als andere, dann setzen wir sie sogar noch auf einen schönen Thron, bildlich gesehen.
Es interessiert in der Regel nicht, wie lebenstüchtig ein solcher Mensch ist, welche Lebensqualität er hat, ob er glücklich oder unglücklich, zufrieden oder unzufrieden ist. Allein die Tatsache, daß er in der Lage ist, logisch zu denken, erhebt ihn über den Rest der Welt.

Die Dinge, die in diesem Teil unserer Psyche ablaufen, die »wissen« wir, wir sind uns ihrer be-»wußt«. Deshalb nennt man diesen Teil auch Bewußtsein.

2. Unterbewußtsein
Auf der anderen Seite gibt es aber ganz offensichtlich weitere Bereiche in unserer Psyche, von denen wir nicht so viel wissen. Etwas jenseits dieses Bewußtseins, an das wir nur schlecht herankommen. Da diese Teile scheinbar unter dem Bewußtsein liegen, wie wenn sie zugedeckt wären, nennen wir sie das Unterbewußtsein.
Das Unterbewußtsein ist sehr viel größer als das Bewußtsein.

Will man das Verhältnis grafisch darstellen, so ist die Form einer Pyramide wohl die geeignetste.

Bewußtsein

Unterbewußtsein

(Die Größenverhältnisse in dieser Abbildung sind nicht korrekt, da das Unterbewußtsein sehr viel größer ist als hier bildlich darstellbar.) Das Unterbewußtsein übernimmt verschiedene Aufgaben, ohne die der Mensch nicht leben könnte.

Zum einen *speichert* das Unterbewußtsein *alle Informationen,* die wir je – auf welchem Wege auch immer – erhalten haben. Die moderne Hypnoseforschung hat bewiesen, daß tatsächlich alles, was wir im Laufe unseres gesamten Lebens je erlebt (also auch nur gesehen, gehört, getan, gesagt oder auch gedacht) haben, im Unterbewußtsein gespeichert wird. Es geht nichts verloren. Die Frage des Gedächtnisses (und dessen Aufteilung in Langzeit-, Mittelzeit-, Kurzzeit- und Ultrakurzzeit-Gedächtnis) ist also nicht die Frage, ob eine Information da ist, sondern ob wir an sie herankommen.

In Hypnose kann man sich tatsächlich bis ins Detail an Dinge erinnern, die man längst »vergessen« hatte. Unglaublich, aber wahr. Das Unterbewußtsein ist also zum einen ein phantastischer Vorratsraum.

Zum anderen besteht eine seiner ganz wesentlichen Aufgaben darin, Dinge, die wir im Leben oft brauchen, automatisch ablaufen zu lassen. Wir haben eine ganze Reihe solcher Automatismen bereits gespeichert.

So laufen zum Beispiel sämtliche Körperabläufe im Innern – gesteuert über das sogenannte vegetative Nervensystem – automatisch. Herz-Kreislauf, Atmung, Verdauung sind nur einige Beispiele hierfür.

Müßten alle Menschen bewußt darauf achten, den nächsten Atemzug zu tun, wären wir vermutlich bereits ausgestorben.

Hinzu kommen eine Reihe sogenannter Grundbedürfnisse, die wir in uns verankert haben. Diese Grundbedürfnisse wurden von Abraham Harold Maslow, einem amerikanischen Psychologen dieses Jahrhunderts, ebenfalls in Form einer Pyramide dargestellt.

Auf der untersten Stufe stehen die sogenannten **körperlichen Grundbedürfnisse** wie Nahrung (Essen und Trinken), Luft, Wärme, Schlaf und Sexualität. Hier geht es förmlich ums »nackte Überleben« – sowohl des einzelnen als auch der Gesellschaft als Ganzes.
Befriedigen wir eines dieser Grundbedürfnisse nicht mehr, sterben wir. Bei den ersten Punkten wir selbst, beim letzten die Menschheit.

Auf der zweiten Stufe folgt das Bedürfnis nach **Sicherheit.** Wenn also – auf der ersten Stufe – das Überleben gesichert ist, so sucht der Mensch jetzt nach Schutz und Stabilität.
Dieses Sicherheitsbedürfnis geht weit über das Körperliche hinaus. So will man z. B. wissen, wer man ist, im Vergleich zu anderen. Man will wissen, wie man sich verhalten soll oder darf, besonders in fremden sozialen Gruppen oder Ländern. Man will sich seines Wissens sicher sein, was oft eine gewisse geistige Unbeweglichkeit mit zunehmendem Alter zur Folge hat. Das Alte wird – um der Sicherheit willen – mit allen Mitteln festgehalten. Und man will seine Zukunft abgesichert wissen – ein menschliches Grundbedürfnis also als Zugpferd für Sparbücher und Versicherungen.

Die dritte Stufe beschreibt die **sozialen Bedürfnisse** wie Zugehörigkeit, Liebe und Freundschaft. Der Mensch ist seit jeher ein »Herden-Wesen« und für seine Entwicklung und sein Leben auf ein entsprechendes Umfeld angewiesen. Kleinkinder, denen nur die körperlichen Grundbedürfnisse erfüllt werden, sind nicht überlebensfähig. Ohne den direkten Kontakt zu anderen Menschen sterben sie. Aus diesem Bedürfnis erwachsen heute die Vereine und Clubs, nachdem die Großfamilie – zumindest in unseren Breiten – als soziales Umfeld nicht mehr existiert. Eine wichtige Rolle spielt hierbei wohl auch die Möglichkeit der Kommunikation und das Gefühl der Geborgenheit.

Die vierte Stufe – und hier wird es eigentlich erst interessant – beschreibt die **Ich-Bedürfnisse,** also das Streben nach Anerkennung, Status, Macht und Geltung.
Und – wenn wir ehrlich sind – liegen unsere Ziele meist in diesem Bereich. Wobei hier eine Besonderheit zu beachten ist: Die erste Stufe, die der körperlichen Grundbedürfnisse, ist in unseren Breiten heutzutage in der Regel gedeckt. Auf der zweiten und dritten Stufe ergeben sich aber häufig Defizite, die, wenn sie auf der entsprechenden Stufe nicht ausgeglichen werden können, in andere Formen gelenkt werden.
Dies führt zum einen zur **Aggression.** In diese Kategorie gehören die schreienden Chefs, die schlagenden Väter oder auch die **prügelnden Fußballfans.**

Zum andern kommt es aber auch zur **Depression,** die Aggressionen wenden sich also nach innen. Mögliche Folgen sind der Drogenkonsum in jeder Form, also auch Zigaretten und Alkohol, und in äußerster Konsequenz der Selbstmord.

Die letzte und am häufigsten genutzte Möglichkeit, nicht erfüllte Bedürfnisse auszugleichen, ist die **Kompensation,** und zwar meist auf eben dieser vierten Stufe.

Beispiel:

Ein Mann fühlt sich in seinem persönlichen Umfeld nicht wirklich geborgen und kompensiert dies durch enorme Arbeitsleistungen (»Workaholicer«), um so in der Firma die entsprechende Anerkennung zu bekommen.

Diese Kompensation ist nichts Außergewöhnliches. Schätzungen sprechen davon, daß fast 2/3 (!) unseres Bruttosozialproduktes durch eine solche Kompensation zustande kommt.

Das ist mit folgendem Bild vergleichbar: Sie haben Löcher in den Strümpfen, stopfen aber am Ellenbogen, weil Sie da besser ran kommen. Nur können Sie an den Ellenbogen noch so viel stopfen, Sie werden davon nie warme Füße bekommen!

Damit kommen wir zwangsläufig zum Thema **Selbstwertgefühl.**

Ob die Bedürfnisse auf der zweiten und dritten Stufe erfüllt sind, unterliegt zum größten Teil der subjektiven Einstellung eines jeden. Je geringer das Selbstwertgefühl ausgeprägt ist, desto gravierender wird ein möglicher Mangel empfunden. Jemand, der sich selbst ausreichend liebt, wird kein Statussymbol in der Garage brauchen, um diese Liebe von außen zu bekommen.

Das deutliche Erkennen der einzelnen Bedürfnisse und ihre Befriedigung auf der entsprechenden Stufe sind Voraussetzung für ein zufriedenes Leben. Nur so kann auch die vierte Stufe überwunden werden. Wenn allerdings immer neue Bedürfnisse sozusagen von unten nachschieben, wird die fünfte Stufe nie erreicht werden.

Und diese fünfte Stufe betrifft die **Selbstverwirklichung.**

Der Wunsch, sich selbst mit seinen persönlichen Zielen, Idealen und Wünschen zu verwirklichen, ist also ein natürliches Grundbedürfnis. Es ist tief in uns eingelegt und daher unbedingt zu beachten, wobei es hier nicht um die Realisierung von sogenannten Anerkennungs-Bedürfnissen geht (die gehören in die vierte Stufe) sondern um Dinge, die man aus reiner Freude tut.

So zum Beispiel das Ergreifen von sozialen Berufen (Beispiel Mutter Theresa) oder das Ausleben einer künstlerischen Begabung.

(Hierzu mehr im Kapitel »Ziele«)

Die Reihenfolge, in der wir die Maslow'sche Bedürfnispyramide durchlaufen müssen, ist immer von unten nach oben.
Solange wir wirklich Hunger leiden, werden wir uns keine Gedanken über gutnachbarschaftliche Beziehung machen. Und solange wir Probleme in der Partnerschaft haben, werden wir uns nicht selbst verwirklichen können.

*Ca. 90 Prozent
unseres Verhaltens
sind unterbewußt gesteuert,
und diese Steuerung folgt
unseren vorherrschenden,
bewußten Gedanken!*

Automatismen

Bisher haben wir nur von den im Unterbewußtsein abgelegten Grundbedürfnissen gesprochen.
Kommen wir jetzt zu einer weiteren Eigenart des Unterbewußtseins: häufig erhaltene Informationen werden als Muster oder Automatismus abgespeichert.

Wiederholung:
Da wirklich alles gespeichert wird, kann das Unterbewußtsein auch feststellen, ob verschiedene Informationen mehrfach ankommen.
Wenn etwas **oft genug** wiederholt wurde, dann haben wir es »**gelernt**«, es wird als Prägung, als Automatismus abgelegt und läuft in Zukunft praktisch von alleine.
(Auch dies ist ein Beweis dafür, daß tatsächlich alles im Unterbewußtsein gespeichert wird. Würden die Informationen nämlich »durchfallen« wie durch ein Faß ohne Boden, dann könnten wir gar nicht bemerken, daß bestimmte Dinge schon einmal da waren.).

Wir alle kennen diesen Prozeß aus dem Bereich der Bewegung. Ein Kind, das gerade dabei ist, das Laufen zu erlernen, muß jeden Schritt sehr bewußt und aufmerksam ausführen. Je öfter es aber richtige Schritte gemacht hat, je öfter also die richtige Information ins Unterbewußtsein gelangt ist, desto mehr wird sich der Automatismus festigen und das Laufen wird zur Selbstverständlichkeit. Das gleiche gilt für das Autofahren. Wie konzentriert mußten Sie in Ihrer ersten Fahrstunde Bremse, Gas und Kupplung bedienen, und wie nebenbei läuft es heute!

Dieser Automatismus-Prozeß ist also etwas ganz Nützliches und Sinnvolles. Alles was wir häufig brauchen wird sozusagen verselbständigt, damit wir den Kopf, das Bewußtsein, frei haben für andere Dinge.

Stellen Sie sich nur eine Stunde Ihres Lebens vor, in der Sie alles, was Sie normalerweise automatisch tun, wieder bewußt tun müßten, also auch reden, schreiben, rechnen, koordiniert bewegen, essen, trinken und, und, und.

Wie automatisch wir in vielen Bereichen der Bewegung handeln, können Sie selbst testen: Verschränken Sie doch einfach einmal Ihre Arme. Nun sehen Sie bitte nach, welcher Arm oben liegt. Der Rechte oder der Linke? Es ist gleich, welcher Arm bei Ihnen der Obere ist, machen Sie es nun bitte einmal genau andersherum! Der Arm, der eben noch oben lag, muß jetzt unten liegen!

Vermutlich haben Sie bei diesem Test die gleichen Probleme wie die Mehrzahl Ihrer Mitmenschen. Manche meinen sogar, das ginge gar nicht.
Aber Sie sehen: Sie haben auf eine ganz bestimmte Art und Weise als Kind die Arme verschränkt, haben das immer wieder wiederholt, bis es von ganz alleine ging. Heute machen Sie sich keinerlei Gedanken mehr darüber, es läuft von selbst.

Ein anderes Beispiel: Falten Sie einmal die Hände. Kontrollieren Sie jetzt bitte, welcher Daumen oben liegt. Der Rechte oder der Linke? Öffnen Sie nun Ihre Hände und verschieben Sie sie so, daß bei einem erneuten Schließen der andere Daumen oben ist.

Auch diese Übung ist verblüffend schwierig. Beweist sie doch ebenfalls, wie »eingefahren« wir in vielen Dingen sind.

Dieser Prozeß der Automatisierung funktioniert aber nicht nur bei unserer Motorik, sondern auch in bezug auf unsere Gedanken.

Alles, was wir oft genug denken, wird in unserem Unterbewußtsein als Muster abgelegt und wird uns in der Folge in unserem Verhalten beeinflussen.

Nehmen wir einmal an, Sie haben einen Nachbarn, der sich – Ihrer Meinung nach – etwas seltsam benimmt. Mindestens einmal in der Woche fährt er mit seinem Wagen beim Einrangieren in die Garage an seine Hauswand, nicht fest zwar, aber immerhin. Und das Seltsamste daran ist, daß er sich noch nicht einmal darüber aufregt. Sein Auto sieht in der Zwischenzeit aus wie nach einem Crash-Rennen, aber auch dies scheint Ihren Nachbarn nicht zu stören. Wirklich seltsam! Wenn Sie dieses Geschehen nun oft genug argwöhnisch beobachtet haben, und noch immer der Meinung sind, daß Ihr Nachbar nicht ganz in Ordnung sein kann, so wird sich dieser Gedanke automatisieren. Sie brauchen also in Zukunft nicht mehr daran zu denken, daß Ihr Nachbar etwas seltsam ist, sie werden es einfach wissen. Dieses Wissen wird fester Bestandteil Ihres täglichen Lebens sein und alles, was Sie je in Verbindung mit diesem Nachbarn erfahren, wird auf der Basis »seltsam« von Ihnen bewertet werden. Was auch immer er tut, er wird keine Chance haben, von Ihnen neutral beurteilt zu werden. Aber auch Ihr Verhalten ihm gegenüber wird in Zukunft automatisch auf dieser Basis »seltsam« laufen. Ihre Ansprache, Ihre Wortwahl, Ihre Gestik und Körpersprache, Ihr Tonfall werden sich ihm gegenüber entsprechend gestalten. So lange zumindest, bis ein anderes häufiges Verhalten des Nachbarn vielleicht gerade eine gegenteilige Einschätzung bei Ihnen hervorruft und somit das alte Programm gelöscht wird.

Jeder häufige Gedanke wird also als Automatismus gespeichert. Und somit ist dies auch ein Kernpunkt unseres Lebens. In den meisten Fällen verhalten wir Menschen uns nicht bewußt, d. h. wir überlegen nicht lange, was und wie wir etwas tun können, sondern handeln automatisch. 90% (in Worten: neunzig Prozent!) unseres gesamten Verhaltens – so schätzen Experten – sind unterbewußt gesteuert.

Unser **Verhalten,** also die Dinge, die wir tun oder eben nicht tun (was ja häufig ein größeres Problem ist!), ist also zu 90% abhängig von unseren Prägungen.
(Die restlichen 10% laufen natürlich auch über das Bewußtsein.)

Neben den motorischen Abläufen basieren auch unsere Art, auf bestimmte Situationen oder Menschen zu reagieren, unsere Wortwahl und die Art zu sprechen, die Gestik und unsere Gefühle zu einem großen Teil auf zuvor erlernten und gespeicherten Abläufen.

Denken Sie nur daran, wie Sie mit kleinen Kindern reden und wie Sie mit Ihrem Chef reden. Ohne sich weiter Gedanken darüber zu machen, wählen Sie in jeder Situation die entsprechende Form.

Unsere gesamte **Körperlichkeit** wird über die Prägungen in unserem Unterbewußtsein gesteuert.

Das eben erwähnte Beispiel gehört in den Bereich der **Körpersprache.** Unter Körpersprache versteht man bestimmte Verhaltensweisen, die in der Regel nicht bewußt gesteuert werden, sondern gemäß unserer inneren Einstellung automatisch ablaufen. Diese sind allerdings auf den Körper als solches begrenzt. Hierzu gehören neben der Gestik auch der Tonfall, die Körperhaltung und die Mimik, im weitesten Sinne aber auch die Wortwahl, die Lautstärke beim Sprechen, die Stimmlage und deren Änderungen (wobei letzteres allerdings nicht zur klassischen Körpersprache gehört).

Ob wir also beim Gespräch mit anderen Menschen einen besonders netten oder aggressiven Ton an den Tag legen, ob wir eine abweisende oder annehmende Körperhaltung einnehmen, ob wir ein freundliches oder ein böses Gesicht machen, hängt von den inneren Einstellungen diesen Menschen gegenüber ab – also von unseren Prägungen. Dieses Verhalten wird automatisch gesteuert, ohne daß wir darauf direkten Einfluß haben.

Sicher können wir in Kenntnis dieser Dinge unsere Körpersprache entsprechend verändern und anpassen, aber sobald wir die absolute Kontrolle darüber verlieren – und wer hat die schon über einen längeren Zeitraum – wird die alte Automatik wieder greifen.

Die Wirksamkeit unserer Körpersprache ist nicht abhängig davon, ob unser Gegenüber diese beurteilen kann. Natürlich wird ein geschultes Auge bestimmte Gesten z. B. sehr schnell deuten und entsprechend darauf reagieren, aber auch ein Laie wird – unbewußt – diese Dinge sehr wohl registrieren und dies in sein Verhalten wiederum einfließen lassen.

Ein weiterer Punkt, in dem unsere Körperlichkeit durch die Prägungen im Unterbewußtsein entscheidend beeinflußt wird, ist unsere **Figur**.
Ob wir zu dick, zu dünn, zu schwer, zu leicht, ob wir unförmig oder wohlproportioniert sind, hängt primär von den Mustern ab, die wir uns durch häufige Wiederholung ins Unterbewußtsein eingelegt haben.

Sicher ist unser Gewicht abhängig von der Art und der Menge unserer Nahrung. Wenn dies jedoch allein ausschlaggebend wäre, wieso gibt es dann die sogenannten guten und schlechten »Futterverwerter«? Und warum hat der eine einen Heißhunger auf Süßes und der andere eben nicht. Warum ißt der eine so lange, bis wirklich nichts mehr hineingeht, und der andere ist schon beim ersten Sättigungsgefühl mit dem Essen fertig? Der Schlüssel liegt in der Art unserer Prägungen.

Ich veranstalte seit Jahren – quasi als Hobby nebenbei – spezielle Seminare zum Thema »Denke Dich schlank«, und es zeigen sich immer wieder die abenteuerlichsten Ursachen für Übergewicht.

Die Frau, deren Mutter dick war, und deren erste und häufigste Bilder von erwachsenen Frauen eben das Modell »dick« hatten, ist das harmloseste Beispiel.
Viele Menschen werden als Kinder oft liebevoll »Dickerchen« gerufen. Da dieser Kosename mit Anerkennung und Liebe verbunden ist, ist das Kind unterbewußt daran interessiert, diesem auch zu entsprechen. Und solange eine solche Prägung nicht verändert wird, werden wir auch als Erwachsene immer wieder darauf achten, das »geliebte« Dickerchen zu bleiben.

Neben anderen möglichen Ursachen, die in der Kindheit liegen, sind wir aber oft selbst täglich damit beschäftigt – ohne daß wir es wollen – solche Muster zu verankern. Wie oft sagen Menschen mit Figurproblemen am Tag: »Ich bin zu dick!«, »Egal was ich esse, ich nehme zu!«, »Die Kleider werden immer enger!«?
Dazu kommt Bestätigung durch gleiche Äußerungen aus unserem Umfeld. Und dann wundern wir uns, daß es tatsächlich so ist!
Aber auch Verhaltensweisen wie »den Teller leer essen« oder Überzeugungen wie »nur dicke Kinder sind gesunde Kinder« hängen vielen Menschen nach und steuern sie so vehement, daß ein vernünftiges Ernährungsverhalten mit gesund ausgesuchter Nahrung nicht möglich ist.
Besonders eklatant sind die Ursachen für Übergewicht, die aus besonderen Erfahrungen herrühren. In einem solchen Seminar stellte eine Frau im Rahmen der Ergründung der Ursachen fest, daß ihr wirklich sehr unansehnliches Äußeres auf folgende Begebenheit zurückzuführen war: Als heranwachsende, hübsche junge Frau wurde sie oft von Männern »angemacht«, was ihr als sehr schüchternes und streng erzogenes Mädchen sehr unangenehm war. Die Situation eskalierte in einer versuchten Vergewaltigung durch einen dieser Verehrer. Hierauf hatte diese Frau – ohne daß sie sich bewußt darüber im Klaren war – beschlossen, sich ein solch häßliches Äußeres zuzulegen, daß kein Mann mehr auf solche Gedanken kommen sollte. Dieses Ziel hat sie mit Erfolg erreicht – aber zu welchem Preis!
Ähnlich anschaulich ist das Beispiel eines Mannes, der feststellte, daß er seit geraumer Zeit in seiner Partnerschaft nach mehr Freiraum für sich strebte. Er konnte somit auch die körperliche Nähe seiner Frau nicht mehr so gut ertragen. Überhaupt rückten ihm die anderen zu dicht auf die Pelle. Und genau seit dieser Zeit hat er sich – unterbewußt – einen entsprechenden Abstandhalter besorgt in Form eines Bauches mit klassischen »Rettungsringen« rundum.

Gleichgültig wo die Ursachen für ein Über- oder auch Untergewicht, für bestimmte Figurbesonderheiten auch herrühren, ein langfristiges Abnehmen ist nur möglich, wenn diese eigentlichen Ursachen im Unterbewußtsein bearbeitet werden. Natürlich helfen Diät oder Fasten, aber nur solange man sie einhält. Sehr rasch ist das alte »Soll«

wieder erreicht, eine Erfahrung, die nur allzuviele schon viel zu oft gemacht haben.

Ebenfalls mit der Figur hängt ein weiterer Aspekt unserer Köperlichkeit zusammen, der durch die Prägungen in unserem Unterbewußtsein beeinflußt wird, unser **Aussehen.**
Sehen wir jung und dynamisch aus oder alt und verbraucht?
Dies hat, das werden sie selbst schon erfahren haben, sehr viel weniger mit der Anzahl der bereits gelebten Jahre zu tun als mit der inneren Einstellung.

»Man ist so jung (oder eben so alt) wie man sich fühlt!« Das kennen Sie.

Wieso gibt es bei Klassentreffen immer wieder – optisch – Generationsunterschiede zwischen eigentlich gleichaltrigen Menschen?
Allein die äußere Veränderung nach einem schweren Schicksalsschlag ist Beweis genug für die Steuerung des Aussehens durch unser Inneres. Wie viel besser sehen wir aus, wenn wir frisch verliebt sind, als wenn gerade eine Partnerschaft in die Brüche gegangen ist. Obwohl sich ja am Außen eigentlich nichts verändert hat.

Diese Wirkung kennen Sie vielleicht auch von einem etwas dubiosen Partygag:

Mehrere Gäste suchen sich ein Opfer willkürlich aus den Anwesenden und treiben mit ihm folgendes Spiel: der erste der »Täter« geht auf ihn zu, und fragt ihn, ob es ihm nicht gut ginge. Nachdem er dies in der Regel vehement abstreitet, kommt nach wenigen Minuten scheinbar völlig unabhängig vom ersten der zweite Täter und macht ein ähnliche Bemerkung, etwa, 'ob er denn krank wäre'. Spätestens beim dritten oder vierten Anlauf wird es dem Opfer zumindest etwas übel werden. Kraft der Gedanken!

Die Abhängigkeit Prägungen und Aussehen ist so eklatant, daß sich eine eigene Wissenschaft hieraus gebildet hat, die »Physiognomische

Psychologie«. Sie geht davon aus, daß man aus Äußerlichkeiten – also zum Beispiel der Statur, der Form des Gesichtes oder der Nase – Rückschlüsse auf den Charakter eines Menschen ziehen kann. Aber ist der Charakter etwas anderes als Prägungen in unserem Unterbewußtsein?

Aber auch die Frage der **Körperpflege** ist unterbewußt gesteuert.
Eine Frau, die zum Beispiel der Meinung ist, daß sie häßlich ist, wird nie auf die Idee kommen, etwas für ihr Äußeres zu tun. Wozu sollte sie auch zum Friseur, zur Kosmetikerin gehen oder sich chice Kleider kaufen? Dies wird – nach ihrer Überzeugung – nichts an ihrer Häßlichkeit ändern.

Aber da beißt sich die Katze in den Schwanz!
Wer nichts aus sich macht, wird nach außen natürlich als häßlich gelten.

Wenn wir beim Thema Körper, äußere Erscheinung und Aussehen sind, so ist der Schritt zum Thema **Gesundheit** natürlich nicht mehr weit.

Vor etwa 30 Jahren hat die klassische Medizin 20% aller Krankheiten psychische Ursachen zugesprochen, heute ist sie bereits bei 80% angelangt. Also gestehen auch die Vertreter der klassischen Wissenschaft 4/5 aller Krankheiten eine Ursache zu, die im psychisch/mentalen Bereich liegt. Ich denke, daß es nicht mehr lange dauern wird, bis sie auch den Rest mit einschließt.

Alle Krankheiten haben eine geistige Ursache, alle Krankheiten basieren auf einer entsprechenden Prägung im Unterbewußtsein.

Das Partyspielchen von weiter oben ist eine gutes Beispiel auch dafür.
Probleme bereitet diese Denkweise immer dann, wenn »ganz klare Ursachen« für eine Krankheit verantwortlich zu sein scheinen.
Wichtig ist hier, zwischen *Ursache* und *Auslöser* zu unterscheiden.
Sicher ist der Auslöser für eine Grippe das entsprechende Virus, das sich ein Mensch einfängt. Es ist aber nicht die Ursache, die liegt nämlich eine Stufe tiefer. Wäre das Virus wirklich die Ursache, so müßte

jeder, der mit ihm behaftet ist, auch erkranken. Warum aber reagiert das Immunsystem des einen so, daß die Krankheit eben nicht zum Ausbruch kommt und das des anderen eben schlechter? Die Antwort liegt hier in der Psyche.

Bei einem Schnupfen zum Beispiel sollte sich jeder Betroffene einmal fragen, wovon er denn – wortwörtlich – die Nase voll hat. Gegen wen jemand allergisch ist, wen oder was er nicht mehr sehen oder hören will, was ihm auf den Magen schlägt u. v. m. ist der eigentliche Hintergrund der im Körper gezeigten Symptome.

Solange nur die Symptome behandelt werden, ohne die dahinter liegenden Ursachen zu beheben, wird zwangsläufig ein weiteres, vielleicht sogar schlimmeres Symptom wieder auftreten. Der Körper ist auch hier nur der Spiegel der Seele. (Gerade zu diesem so wichtigen Thema verweise ich auf das ausgezeichnete Buch von Louise Hay, das Sie im Anhang finden!)

Gefühle
Ein weiterer Punkt, der zu einer Automatisierung im Unterbewußtsein führt, ist neben der Häufigkeit des Gedankens auch dessen Intensität, also die **emotionale Bindung.**
Erlebnisse, die mit sehr starken Gefühlen verbunden sind, können mitunter schon beim ersten Mal zu einem Muster führen.

Das klassische Beipiel ist hier das Kind mit der heißen Herdplatte. Verbrannte Finger sind mit so großen Schmerzen (einer besonders negativen Art von Gefühlen) verbunden, daß das Kind nicht zehnmal auf die Platte greifen muß, um zu lernen, daß sie heiß ist. Das dabei empfundene Gefühl ist in der Regel so stark, daß ein einziges Mal genügt. Oder nehmen wir den tragischen Verlust eines nahestehenden Menschen oder aber eine Vergewaltigung. Frauen, denen so etwas zustößt, sind in der Regel enormen emotionalen Belastungen ausgesetzt. Diese können nun sofort zu einem unterbewußten Muster führen, nach einer Vergewaltigung z. B. zu der Einstellung, daß alle Männer schlecht sind. Und diese Prägung wird ihr Leben lang ihr Verhalten den Männern gegenüber bestimmen. Wenn sie auch bewußt, also vom Verstand her, meinen, über das Ereignis weg zu sein, so werden sie doch unterbewußt immer wieder der Prägung entsprechend reagieren.

Das Tragische dabei ist die Tatsache, daß einmal verankerte Automatismen immer stärker sind als das bewußt gelenkte Verhalten. Wir werden uns letztendlich immer unserer Prägung gemäß verhalten und nicht unserem Willen gemäß.

Die einzige Möglichkeit zur Korrektur ist die Veränderung der Prägung.

Fassen wir also zusammen:
Alles, was wir oft genug und/oder mit großer emotionaler Anteilnahme bewußt denken, tun, sagen und wahrnehmen, wird im Unterbewußtsein als Automatismus verankert und wird uns
– in unserem Verhalten beeinflussen und
– in unserer Körperlichkeit steuern in bezug auf
  – Körpersprache
  – Aussehen
  – Figur und sogar
  – Gesundheit.

Ich vergleiche das Verhältnis Bewußtsein – Unterbewußtsein auch gerne mit einem *großen Dampfer:*

Oben auf der Brücke steht der Kapitän (wir mit unserm Verstand, dem Bewußtsein). Dieser Kapitän gibt die Befehle nach unten in den Maschinenraum (ins Unterbewußtsein). Die Mannschaft im Bauch des Schiffes wird diese Befehle ausführen. Werden in ähnlichen Situationen auch ähnliche Befehle gegeben, so wird sich die Mannschaft dies merken und selbständig handeln. Der Kapitän hat also in Standardsituationen den Kopf frei für wichtigere Dinge.
Genau wie die Mannschaft im Bauch des Schiffes nicht sehen kann, wo das Schiff hinfährt, also quasi blind gehorcht, so wird auch das Unterbewußtsein jede Prägung in unser Verhalten einfließen lassen. Egal, ob es für uns gut oder schlecht ist. Befehl ist eben Befehl!

Ein anderer anschaulicher Vergleich ist der mit einem *Computer: Da gibt es zunächst die Betriebssysteme, Programme, um das Ganze überhaupt einmal zum Laufen zu bringen. Diese Betriebssysteme sind fester Bestandteil einer jeden EDV und quasi »von Haus aus« vorhanden. Diesen entsprechen die Grundbedürfnisse als grundlegender Teil des Unterbewußtseins.*

Der Rest des Speichers ist mit Programmen und Daten belegt. Daten sind einzelne Informationen, die bei Bedarf abgerufen werden. Auch unser Unterbewußtsein speichert alles, was wir je getan, gesagt und erlebt haben.

Die Programme nun, die das Ganze interessant machen, entsprechen unseren Prägungen, den Automatismen. Der Programmierer, der unsere Programme eingegeben hat, sind wir selbst, mit unserer bewußten Wahrnehmung, unseren bewußten Gedanken.

Wenn ein Programm also »Mist« ausspuckt, liegt dies – eine korrekt funktionierende Hardware (gleich Körper) vorausgesetzt – immer daran, daß »Mist« einprogrammiert wurde.

*Jeder Mensch
hat direkten Anschluß
an die universellen Lebens-
und Schöpfungsenergien,
auch GOTT genannt.*

*Über unsere Intuition stehen wir
in direktem Kontakt
mit dieser Energie.*

Das kollektive Unterbewußtsein

Interessant wird es, wenn wir uns dieses Schema Bewußtsein – Unterbewußtsein in der Verbindung von mehreren Menschen ansehen. Dabei ergibt sich etwas wirklich Faszinierendes.

Bewußtsein   **Bewußtsein**

Unterbewußtsein

Innerhalb der einzelnen »Unterbewußtseine« existiert eine Schnittstelle.
Jeder Mensch ist also kein für sich geschlossenes System, sondern *Informationen* werden – unterbewußt, ohne daß wir dies bewußt merken – *weitergegeben*.
Diese Schnittstelle ist Grundlage für Erscheinungen wie Gedankenübertragung, Intuition oder auch die Liebe. Wie sonst wäre »Liebe auf den ersten Blick« zu erklären, wenn nicht durch eine Vielzahl unterbewußter Informationen.
Daß diese Schnittstelle existiert, wurde inzwischen in vielen wissenschaftlichen Bereichen bewiesen. In erster Linie von der Biologie und ihrem namhaften Vertreter *Rupert Sheldrake*. Er nennt diese Verbindung »*morphogenetisches Feld*« und hat eine Theorie für den Vorgang der Übertragung entwickelt. Danach »entstehen diese Felder durch eine genügend große Anzahl von Mustern, die dann durch eben die morphische Resonanz, also auf einer Art Gedächtnis beruhend,

wiederentdeckt werden«. (Shaldrake, Das Gedächtnis der Natur, siehe Lit.-Liste).
Zur Erklärung das berühmte Beispiel der Affen:

Forscher fütterten auf einer Insel Affen mit Kartoffeln. Da die in den Sand geworfenen Leckereien verständlicherweise durch diese »Panade« wenig schmackhaft waren, begannen bald einzelne Affen, die Kartoffeln zu waschen. Dies ahmten dann sehr schnell weitere Affen nach. Nachdem eine ausreichend große Anzahl Affen das Kartoffelwaschen betrieb, übertrug sich diese Handlungsweise plötzlich auf alle Affen. Aber das wirklich Erstaunliche daran war, daß nicht nur die Affen, die auf der Insel lebten, sondern auch alle anderen, tausende von Kilometern entfernt lebenden Affen, dies nachahmten.

Die Biologie spricht hier vom Prinzip des »hundertsten Affen«, ab dem diese morphische Resonanz zu Tage tritt. Aber auch bei einer Reihe anderer Tierarten und sogar bei Menschen wurde inzwischen die Existenz dieser »Schnittstelle« zweifelsfrei nachgewiesen. Informationen, die von einem oder mehreren »Bewußtseinen« in das jeweilige Unterbewußtsein eingelegt wurden, sind von allen anderen Individuen ebenfalls abrufbar.

Am Beispiel Mensch zeigt sich dies auch deutlich in München beim Internationalen Patentamt. Hier gehen ganz häufig innerhalb kürzester Zeit dieselben Patente aus unterschiedlichen Teilen der Erde ein, ohne daß eine Verbindung bestanden hätte. Sobald eine Idee geboren wurde, ist sie auch für alle anderen abrufbar.

Wenn wir uns daran erinnern, daß wir bei unserem »Ein-Personen-Modell« davon gesprochen haben, daß alle Dinge, die wir je wahrgenommen und erlebt haben, im Unterbewußtsein gespeichert sind, so wird mir bei dem Gedanken an diese Schnittstelle doch leicht schwindelig.

Alles, was je von einem Menschen gedacht wurde – und dazu gehören ja auch alle Handlungen, Äußerungen, Erlebnisse etc. – ist jedem anderen Mensch durch das kollektive Unterbewußtsein zugänglich.

Woher sonst nehmen Menschen die Informationen, um über einen ihnen Fremden genaue Angaben über dessen Vergangenheit zu machen.

(Personen, die einen außergewöhnlich guten Zugang zu diesem gemeinsamen Unterbewußtsein haben, nennt man gemeinhin Hellseher oder Wahrsager. Wenn auch eine Vielzahl von ihnen – meines Erachtens – Scharlatanerie betreibt, so ändert dies nichts an der korrekten Arbeit wirklich guter Hellseher.)

Hier wird also mit dem eigenen Bewußtsein in das kollektive Unterbewußtsein gegriffen und die entsprechenden Informationen »herausgeschöpft«. Dreh- und Angelpunkt ist dabei die richtige »Schöpfkelle«. (Näheres hierzu später!)

Dieser Informationsaustausch funktioniert aber nicht nur unter den Menschen, die gerade leben. Wir haben auch Informationen von unseren Eltern mitbekommen. Zum einen in Form von Genen, zum andern eben auch über das kollektive Unterbewußtsein.

Überlegen Sie, wie selbstverständlich unsere Kinder heute mit dem technischen Stand umgehen. Es ist für sie nicht erforderlich, dies neu zu lernen, sie »wissen« quasi schon um die Existenz dieser Dinge und nutzen sie einfach.

Wenn wir also Informationen von unseren Eltern mitbekommen haben, dann ist das aber auch fortsetzbar. Denn unsere Eltern haben ebenfalls ihre Eltern »angezapft« und diese wieder deren und so weiter und so weiter. Im Grunde sind also alle Informationen seit Menschengedenken im kollektiven Unterbewußtsein enthalten, ein unerschöpflicher Fundus, den wir uns nur zunutze machen müssen.

Wie wir diese Quelle nennen, ob kollektives Unterbewußtsein oder morphogenetisches Feld, ob kosmische Intelligenz oder Natur ist gleichgültig. Es gibt Menschen, die nennen diese Quelle einfach **»Gott«.**

Diese **innere Schöpferkraft** ist auch mit dem Begriff »Gott« gemeint. (Der alte Mann mit dem erhobenem Zeigefinger auf Wolke 17 ist nur eine Darstellung der Kirche.) Und alles, was Sie sich je unter dem Begriff Gott vorgestellt haben, ist in Ihnen und Sie haben Anschluß daran. Sie sind die maßgebende Institution für Ihr Leben. Sie gestalten Ihr Leben mit wahrhaft »göttlicher« Kraft durch Ihre Gedanken. Seien Sie sich darüber bitte im klaren: **Sie sind der Schöpfer Ihrer eigenen Welt.**

Das kollektive Unterbewußtsein zwischen Mensch, Tier und Pflanze

Diese Schnittstelle gibt es aber nicht nur zwischen den Mitgliedern einer bestimmten Spezies, also z. B. nur zwischen Mensch und Mensch oder zwischen Hund und Hund. Diese Schnittstelle verbindet tatsächlich alles, was auf dieser Erde, im gesamten Universum, ja sogar in diesem Kosmos existiert. Daß wir uns dessen nicht bewußt sind, ändert nichts an der Tatsache. Wir können tatsächlich unterbewußte Verbindungen mit den Vertretern einer anderen Spezies aufnehmen.

Was anderes tut ein Mensch, der beim kleinsten Winseln seines Hundes genau weiß, was dieser will.

Oder im umgekehrten Fall: Ist Ihnen schon einmal aufgefallen, daß Hunde sehr wohl registrieren, ob Herrchen aufsteht, um mit ihnen Gassi zu gehen oder ob er sich nur ein Bier aus der Küche holt. Auch ohne daß nur ein Wort gefallen ist oder mit der Leine gerasselt wird.

Oder kennen Sie vielleicht auch Menschen, auf die alle Hunde allergisch reagieren, oder andere denen jede Katze vertraulich zuläuft? Hier werden einfach Muster aus dem Unterbewußtsein der betreffenden Personen von den Tieren empfangen.

Die erste Person hat vielleicht einmal schlechte Erfahrungen mit einem Hund gemacht und dies fest als Prägung verankert, die andere Person liebt einfach Katzen, und diese merken das.

Jeder Reiter kann Ihnen bestätigen, daß bei einem gut eingespielten Team Pferd – Mensch weniger die Zügel oder die Gerte, als vielmehr die gefühlsmäßige Verbindung eine Rolle spielt.

Aber auch mit Pflanzen können wir über dieses kollektive Unterbewußtsein kommunizieren:

Häufig liest man in Zeitschriften von erstaunlichen Züchtungen im Gartenbau. Fragt man den Gärtner nach seinem Geheimnis, so hört

man sehr oft, daß er »einfach mit den Pflanzen rede« und sie darüberhinaus »liebe«. (Natürlich ohne den zusätzlichen Einsatz von jeglichen fragwürdigen Mitteln und Methoden! Wer wird das, was er liebt, schon radioaktiv bestrahlen?!)
Gerade zum Verhältnis Mensch – Pflanze sind in den letzten Jahren und sogar schon Jahrzehnten erstaunliche Entdeckungen auch von wissenschaftlicher Seite gemacht worden.

Ein klassisches Beispiel soll hier genügen:
Mit Hilfe von Elektroden eines Polygraphen, die an den Blättern eines Drachenbaumes befestigt waren, bemerkte Cleve Backster – Amerikas führender Lügendetektor-Experte – schon im Jahr 1966, daß die Pflanze auf seine Gedanken reagierte. Er mußte nur in Erwägung ziehen, ein Blatt der Pflanze mit einem Streichholz zu versengen, schon schlug die Nadel aus. Näherte er sich jedoch mit einem brennenden Streichholz, ohne die Absicht wirklich in die Tat umsetzen zu wollen, ließ dies die Pflanze »kalt«.

Eine Unmenge weiterer Versuche wurden und werden bis zum heutigen Tage gemacht und alle brachten das gleiche Ergebnis: Pflanzen sind in der Lage, Informationen von uns Menschen auf unterbewußtem Wege zu empfangen – besser sogar als wir Menschen selbst.
Diese Verbindung besteht auch zwischen Tieren und Pflanzen:
So hat ein Philodendron auf einem Aufzeichnungsgerät schier panische Reaktionen gezeigt, als in einem Nachbarzimmer ein lebender Hummer in kochendes Wasser geworfen wurde.

Offensichtlich sind wir Menschen in dieser Fähigkeit noch etwas zurück. Wir konzentrieren uns auf unsere fünf Sinne und vergessen dabei, daß es darüber hinaus noch so unendlich viel mehr gibt.
Trainieren Sie doch diese »nonverbale Kommunikation« etwas, indem sie ab und zu gedanklichen Kontakt mit Tieren aufnehmen oder sich einfach einmal mit einem alten Baum unterhalten. Sie werden sehen, es macht – nach anfänglichen Hemmungen – viel Spaß und mit der Zeit werden Sie ein wirkliches »Gespräch« führen können.
Probieren Sie es aus!
Die Zeiten, in denen man dafür auf dem Scheiterhaufen verbrannt wurde, sind längst vorbei.

Die Wirkungsweise des kollektiven Unterbewußtseins

Zur Erinnerung: Wir haben festgestellt, daß Gedanken, die oft genug und/oder mit großem Gefühl ablaufen, zu einem Automatismus im Unterbewußtsein führen und unser Verhalten entsprechend dieser Prägung beeinflussen.
Gedanken sind eine Form von Energie. Und genau wie andere Formen der Energie sich graphisch darstellen lassen, so kann man dies – der Anschaulichkeit wegen – auch bei unseren Gedanken tun. Wir wählen hier die Form von Wellen. Jeder Gedanke entspricht also einem bestimmten Wellenmuster. So hat jedes Muster, das im Unterbewußtsein abgelegt ist, ein ganz spezifisches Wellenmuster. Und dieses Wellenmuster senden wir – durch die Schnittstelle – zum Unterbewußtsein aller anderen Menschen.

Treffen wir auf Menschen, die uns auf Anhieb sympathisch sind, so liegt das daran, daß Prägungen in unserem Unterbewußtsein beim anderen auf identische Prägungen treffen. Wir sprechen ja auch wortwörtlich davon: »Wir sind auf der gleichen Wellenlänge.« Und diese Sympathie erleben wir sofort, auch wenn wir erst Stunden oder Tage später erfahren, wie viele Überzeugungen, Neigungen, Interessen, eben Prägungen, identisch sind.
Sind viele Prägungen gleich, so spricht man von Freundschaft, sind es ganz viele, von Liebe.
Es passiert auch immer wieder, daß sich der eine oder der andere verändert, daß er auf einmal andere Prägungen hat. Dann passen die Wellenlängen aber nicht mehr zueinander – und die Liebe ist vorbei.

Gefilterte Wahrnehmung

Überlegen Sie einmal, wieviele Informationen täglich auf uns einströmen, und wieviele wir davon wirklich registrieren. Abgesehen von der Lufttemperatur und -feuchtigkeit, dem Druck der Kleidung auf der Haut, allen Nebengeräuschen und vielem mehr bemerken wir nur das, was uns wirklich interessiert – also womit wir uns häufig beschäftigen und wofür wir ein entsprechendes Muster im Unterbewußtsein haben.

Jeder kennt folgende oder eine ähnliche Situation: Sie wollen sich ein neues Auto kaufen und haben sich auf eine Marke und ein bestimmtes Modell festgelegt. Und plötzlich fährt »jeder« nur noch diesen Wagen. Andauernd kreuzt einer Ihren Weg. Bisher gab es gar nicht so viele davon! (Natürlich gab es schon so viele, Sie haben sie nur nicht bemerkt.)

Das Prinzip ist das gleiche wie beim Radio oder Fernsehen:

In der Luft gibt es – sagen wir – 100 verschiedene Sender. Auf dem Tisch steht ein Radio, das genau auf einen Sender, auf eine Wellenlänge eingestellt ist. Dieses Radiogerät filtert genau diesen Sender aus der Vielzahl aller Sender heraus. Und wenn man es fragen könnte, wieviele Sender es denn wohl gibt, würde es im Brustton der Überzeugung »einen« sagen.

Und genau so nehmen wir, aufgrund der Wellenlänge der Muster in unserem Unterbewußtsein, in unserer Umwelt nur die Dinge wahr, die dieser Wellenlänge entsprechen.

Selektierte, **gefilterte Wahrnehmung also aufgrund unserer Interessen und Neigungen, unserer Überzeugungen und Vorstellungen.**

Und das ist einerseits auch ganz sinnvoll: was interessieren mich in einem Park die umherlaufenden Hunde, wenn ich Gänseblümchen-Fan bin? Ich werde also jedes noch so kleine Blümchen finden und wenn mich abends jemand nach der Anzahl der Hunde im Park fragt, muß ich passen.

Auf der anderen Seite ist diese selektierte Wahrnehmung auch problematisch, denn die Muster in unserem Unterbewußtsein sind häufig gar nicht so positiv.

Wenn ich jemand bin, der sich fürchterlich über die Verunreinigung von Parks durch Hundekot aufregt, dann werde ich auch nur diese feststellen, ich werde genau wissen, wieviele Hunde da waren und wieviele Häufchen sie an diesem Tag gelegt haben. Und ich werde vermutlich nicht ein einziges Gänseblümchen bemerken, außer ein Hund war so nett, seine Fäkalien in ein wunderschönes Gänseblümchenfeld zu legen.

In beiden Fällen handelt es sich um das gleiche Prinzip, wir nehmen genau das wahr, was unserer Wellenlänge entspricht. Aber im zweiten Fall werde ich den Tag wohl kaum genossen haben. Eigentlich schade, bei so vielen Gänseblümchen!

Stellen Sie doch einmal eine Gruppe von Menschen in einer Reihe nebeneinander auf und bitten Sie jeden, das, was er gerade sieht, zu beschreiben. Obwohl alle objektiv das gleiche wahrnehmen müßten, werden Sie doch ausnahmslos unterschiedliche Berichte bekommen.

Die Wahrnehmung ist von unseren Prägungen abhängig, und diese sind individuell verschieden.
Es gibt also im Grunde keine objektive Wahrheit, denn »Wahrheit« ist das, was ich für »wahr halte«. In unserer realistischen Welt hält man aber nur das für wahr, was man mit seinen fünf Sinnen erfassen kann. Und eben die Wahrnehmung über die Sinne ist – wie wir gesehen haben – von der inneren Einstellung, den Erwartungen abhängig, also subjektiv.

Diese gefilterte Wahrnehmung hat noch einen weiteren Haken:
Wir bilden uns über eine Sache eine ganz bestimmte Meinung, indem wir den gleichen Gedanken immer wieder denken. Wir automatisieren das Ganze im Unterbewußtsein. Aufgrund dieser Prägung haben wir eine begrenzte Wahrnehmung und bemerken also primär die Dinge, die dieser Meinung entsprechen.
Und dann sprechen wir – oft ganz »großspurig« – von unseren »Erfahrungen«. (...nach dem Motto: »Siehst du, ich habe es genau gewußt!« Dabei haben wir es nicht vorausgesehen. Wir haben es vielmehr durch unsere Prägungen verursacht!)
Diese Erfahrungen wiederum bestätigen uns in unseren Überzeugungen, wir denken den gleichen Gedanken nochmals, und festigen so das Muster. Ein Teufelskreis.

Als Beispiel möchte ich hier Ludwig M. anführen, einen Vertreter der Menschen, die der Meinung sind, daß »die Welt schlecht ist, früher alles besser war, und andere sie nur übers Ohr hauen wollen«. Aufgrund dieser Einstellung filtert er tatsächlich nur die negativen Aspekte aus seinem Leben, stärkt dadurch seine Prägung, verhält sich entsprechend und erntet dann natürlich wieder genau das, was er erwartet.

Diesen Teufelskreis können wir nur dadurch durchbrechen, daß wir – trotz unserer »Erfahrung« – einfach Gedanken in unser Unterbewußtsein senken, die nicht der sogenannten Realität entsprechen, sondern das beinhalten, was wir gerne hätten.

Unterbewußte gefilterte Wahrnehmung

Die gefilterte Wahrnehmung bezieht sich nicht allein auf unsere Wahrnehmung mit den fünf Sinnen. Da die Informationen zum Großteil unterbewußt ausgetauscht werden, findet natürlich auch hier diese Auswahl statt.

Wenn wir uns aus einer Vielzahl von möglichen Partnern zum Beispiel spontan für einen bestimmten entscheiden, so immer deshalb, weil die Prägungen dieses Menschen identisch sind mit unseren Vorstellungen über einen möglichen Partner. Ob die nun positiv oder negativ sind, spielt dabei keine Rolle.

Sie bekommen zum Beispiel als Frau die Aufgabe, sich aus einer Gruppe von Männern, die Ihnen alle gänzlich unbekannt sind, spontan einen herauszusuchen. Sie können sicher sein, daß Sie genau den Mann finden werden, der Ihrem Bild »des Mannes« entspricht. Wenn Sie also vielleicht der Meinung sind, daß Männer nichts im Haushalt tun, dann werden Sie genau einen solchen finden. Auch wenn es unter allen zur Auswahl stehenden Männern nur einen davon geben sollte!

Wir wählen immer die Menschen aus, die die gleiche Wellenlänge haben wie wir. Eben wieder genau wie beim Radio.

Oder das Beispiel der Frau, die vier verschiedene Partner »erwischte«, die sie alle schlugen. Nicht, daß sie es mochte, nein, im Gegenteil. Und

die Neigungen der Männer waren auch immer erst nach einiger Zeit zu Tage getreten. Es gab – rein äußerlich – keinerlei Verbindungen zwischen den Männern.
Bis die Frau – in der Zwischenzeit mit den geistigen Gesetzen vertraut – bemerkte, daß es wohl an ihr selbst hängen müßte. Und sie erinnerte sich, daß ihr Vater früher ihre Mutter geschlagen hat. Dieses Erlebnis hatte sich in dem kleinen Kind so fest als Prägung verankert, daß es quasi normal war, daß Frauen von ihren Männern körperlich gezüchtigt werden. Und bei der Wahl ihrer Partner hatte sie sich jedesmal – unbewußt natürlich – wieder für einen Menschen entschieden, der dieser Prägung entsprach.
Idiotisch – aber deshalb nicht weniger wirkungsvoll.

Oder ein weiteres Beispiel, das viele sicher kennen:

Viele Menschen, die im sogenannten »fortgeschrittenen« Alter (wieder) einen Partner suchen, sind der Überzeugung, daß »in Ihrem Alter« alle möglichen Partner entweder verheiratet sind, oder »etwas« nicht mit ihnen stimmt (sonst wären sie ja verheiratet!). Diese Überzeugung führt dazu, daß diese Menschen tatsächlich immer nur die potentiellen Partner treffen, die wirklich verheiratet sind, oder bei denen wirklich etwas nicht stimmt. Alle anderen bemerken sie aufgrund der gefilterten Wahrnehmung einfach nicht. Diese entsprechen ja nicht ihrer Wellenlänge.

Aber auch weniger spektakuläre Fälle belegen diese Tatsache:

Sie kennen bestimmt Situationen, in denen Sie – anscheinend wider jede Vernunft – ein bestimmtes Gefühl haben. Da sitzen Sie einem Menschen gegenüber, der Ihnen – bewußt betrachtet – ganz sympathisch sein müßte. Aber irgendwie haben Sie so ein komisches Gefühl im Magen. Nun, Sie erhalten einfach unterbewußte Informationen, die nicht mit Ihrer Wellenlänge übereinstimmen. Es gibt eine Disharmonie.
Sie fühlen, was wirklich in diesem Menschen vorgeht, egal, was er Ihnen erzählt. Somit haben Sie eine bessere Möglichkeit, auf diese Person zu reagieren.

Dieser ganzheitliche Informationsempfang – bewußt über die fünf Sinne und unterbewußt über das Gefühl – ist natürlich sehr viel aussagekräftiger als nur der erste Weg. Und diesen zweiten Weg benutzen wir alle täglich, nur meist sind wir uns dessen nicht bewußt und –

wenn wir es einmal merken – dann mißtrauen wir ihm oft. Dabei ist er sehr viel wertvoller als unsere Logik.

Gefilterte Wahrnehmung von außen

Diese gefilterte Wahrnehmung funktioniert nun natürlich nicht nur von uns nach außen, sondern auch von außen zu uns. Genau wie wir unsere Umgebung gemäß unserer Überzeugung wahrnehmen, tun es natürlich auch alle anderen. Und so wirken wir also, aufgrund unserer inneren Muster, auch auf die anderen.

Nicht genug, daß wir uns durch unsere Prägungen und unsere Überzeugungen in unserem Äußeren kundtun durch die Kleidung, die Körperpflege, die Haltung, die Sprache, die Gestik, den Tonfall u.v.m. – alles Dinge, die unser Gegenüber mit den fünf Sinnen wahrnehmen kann. Nein, auch wenn wir uns noch so gut nach außen »verkaufen« können, werden die unterbewußten Informationen bei der Umwelt immer ankommen. Der andere wird es fühlen, ob er sich dessen bewußt ist oder nicht. Und er wird sich von diesem Gefühl beeinflussen lassen, ob er sich dessen bewußt ist oder nicht.
Natürlich gibt es genügend Beispiele, in denen skrupellose Betrüger nach außen »den Seriösen« mimen und ausreichend Kundschaft finden, die es nicht »fühlt«.

Dies hat *zwei einfache Gründe:*
Zum einen sind wir in unserer westlichen Industriegesellschaft sehr »verkopft«, d. h. wir haben es verlernt, auf unser Gefühl zu hören und entscheiden alles ganz logisch. Nur – logische Argumente haben zumindest intelligente Betrüger immer ausreichend zur Hand.
Der andere Grund ist folgender: Viele Menschen sind der Überzeugung, daß es in unserer Gesellschaft geradezu von Betrügern wimmelt. Jeder will einem ans Geld ohne entsprechenden Gegenwert bieten zu können. Wenn unser Gauner nun gerade mit einem solchen Menschen zu tun hat, dann wird dieser ein »gutes« Gefühl dabei haben. Das, was nämlich unterbewußt von dem Betrüger rüberkommt, entspricht genau dem, was das Opfer unterbewußt gespeichert hat. Daß das Opfer

nach dem Entdecken des Schwindels überhaupt kein gutes Gefühl mehr hat, hat damit nichts zu tun. Wichtig ist die Gleichschwingung der Prägungen, die einander gleichsam anziehen.
Und das können wir fast wörtlich nehmen.

Zu einem Verbrechen – um bei dem Beispiel zu bleiben – gehören immer mindestens zwei. Das Opfer und der Täter.
Das Opfer sendet seine Überzeugungen in Form einer ganz bestimmten Wellenlänge »in den Äther« - konkret in das kollektive Unterbewußtsein. Der Täter, auf der Suche nach einem möglichen Opfer, klopft seinerseits nun den Äther nach Wellenlängen ab, die den eigenen entsprechen – ohne daß er sich dieses Vorganges bewußt sein muß.
Und er wird genau den Menschen finden, der seiner kriminellen Wellenlänge entspricht.

Ich möchte damit keineswegs sagen, daß alle Opfer ebenfalls Kriminelle sind. Aber alle Opfer haben – irgendwo in ihrem Unterbewußtsein – eine Prägung verankert, die mit der des Täters gleichschwingt. Solche Prägungen können zum Beispiel lauten: »Die Welt ist schlecht und voller Gauner«, oder »Ich habe Angst, überfallen zu werden«, oder »Es passiert in letzter Zeit wieder so viel«, oder, oder, oder.

Die gleiche Systematik – um auf eine erfreulichere Thematik zu kommen – ist bei positiven »Verhältnissen« zu beobachten: Geschäftspartnern, Verkäufer – Kunden oder zwischen Mann und Frau.

Wenn Sie also einen – sagen wir – neuen Geschäftspartner suchen, dann müssen Sie zunächst einmal ihr Unterbewußtsein mit den nötigen Informationen vertraut machen. Wenn Sie sich nicht ganz klar darüber sind, welche Qualitäten Ihr neuer Kompagnon mitbringen soll, und diese deshalb auch nicht als Muster in Ihrem Unterbewußtsein verankern, dann werden Sie entweder keinen Partner bekommen oder einen, der einem alten Muster in Ihnen entspricht. Wenn Sie keine Ahnung haben, ob ein solches Muster bereits vorhanden ist und wie es aussieht, dann werden Sie dies spätestens dann wissen, wenn der neue Mann / die neue Frau vor Ihnen steht.
Beschweren Sie sich aber bitte nicht, wenn die Person Ihnen nicht gefällt. Sie entspricht hundertprozentig Ihren inneren Prägungen.

Fassen wir nochmals zusammen:
Alles, was wir oft genug und/oder mit größtmöglicher emotionaler Anteilnahme denken, tun, sagen und wahrnehmen wird in unserem Unterbewußtsein als Automatismus abgelegt.
Dieses Muster führt dazu, daß wir
1. **in unserem Verhalten entsprechend gesteuert werden,**
2. **in unserer Körperlichkeit gesteuert werden in bezug auf**
   Körpersprache
   Aussehen
   Figur
   Gesundheit,
3. **diese unterbewußten Informationen an unsere Umwelt weitergeben (ob wir dies wollen oder nicht),**
4. **die Umwelt gemäß der Muster gefiltert wahrnehmen (mit unseren fünf Sinnen aber auch unbewußt),**
5. **von unserem Umfeld gemäß unserer Muster wahrgenommen werden (ebenfalls über die fünf Sinne oder unbewußt).**

Und Sie merken: nichts bleibt übrig!
Alles was uns passiert, wie es uns geht, in welchen Verhältnissen wir leben und arbeiten hat ursächlich mit der Art unserer Gedanken zu tun.

Wenn Sie zu dieser Tatsache bedingungslos »ja« sagen, dann haben Sie alle Chancen im Leben. Bei positiven Ereignissen sind wir ganz schnell mit der Übernahme der Verantwortung. Erfolg haben immer **wir** verursacht. Negative Dinge haben meist die anderen verschuldet. Immer finden wir Gründe, was **andere Menschen** oder **äußere Umstände** zum Mißerfolg beigetragen haben.
Wenn Sie aber wirklich »ja« sagen zu allem in Ihrem Leben, wenn Sie wirklich die Verantwortung für **alles** übernehmen, was in Ihrem Leben je passiert ist, dann erst haben Sie die Chance, alles in Ihrem Leben alleine – ohne äußere Einflüsse – zu verändern.
Und so ist es tatsächlich. **Sie haben die Kraft! Aktivieren Sie sie!**

*Andere Menschen spiegeln unsere eigenen, inneren Überzeugungen wider.
Auch unsere Lebenssituation ist ein Spiegel unserer unterbewußten Prägungen.*

*Deshalb:
Wenn du die Welt verändern willst, mußt du dich selbst verändern.*

Der Spiegel

Wenn wir also immer nur das wahrnehmen, was in unserem Unterbewußtsein als Muster vorhanden ist, so kann man die Personen und Situationen in unserem Umfeld auch als **Spiegel** für uns bezeichnen.
Und tatsächlich – so unglaublich es vielleicht klingt – spiegelt uns unsere Umgebung lediglich unsere inneren Überzeugungen wider.
Um dies etwas deutlicher werden zu lassen, teilen wir die möglichen Spiegel zunächst einmal – grob – in **Menschen** und **Situationen**.
Beginnen wir bei den **Menschen**.
Alles, was uns bei anderen Menschen besonders auffällt, ob nun positiv oder negativ, hat tatsächlich immer mit uns und unseren inneren Prägungen zu tun.
Da wir gemeinhin dazu tendieren, positive Eigenschaften bei anderen zu übersehen oder aber deren Träger gerade mal als »nett« einzustufen, wollen wir uns hier schwerpunktmäßig den negativen Gewohnheiten unserer lieben Mitmenschen zuwenden.
Hier liegt auch – wie so oft im Leben – die größere Lernchance.
Grundsätzlich lassen sich vier verschieden Spiegel-Aspekte unterscheiden:

1. Das Eigenverhalten

Was uns an unserem Gegenüber nicht gefällt, gefällt uns deshalb nicht, weil wir uns im Grunde **selbst** *genauso verhalten*. Nur merken wir es nicht.
Dies ist zugegebenermaßen etwas dick aufgetragen, aber dieser erste Punkt macht den größten Teil des Spiegels aus. (Zur Beruhigung: es folgen drei weitere Punkte, die weniger gravierend sind und sich prima als »Rettungsanker« eignen.)
Erinnern wir uns an die gefilterte Wahrnehmung. Wir können tatsächlich nur das sehen, was wir als Muster verinnerlicht haben. Prüfen Sie also jedesmal, wenn wieder so ein fieser Stinkstiefel vor Ihnen steht und Ihnen fürchterlich auf die Nerven geht, ob genau dieses Verhalten andere vielleicht auch bei Ihnen selbst bemerken könnten.

Wir sind ganz gut darin, uns von uns selbst ein falsches Bild zu machen. (Wie gut, daß genügend Spiegel in dieser Welt herumlaufen!) Ich gebe zu, daß dies – sofern es bei einer ernsthaften Hinterfragung zutrifft – ganz schön weh tun kann. Und häufig wehrt sich unser Ego dann auch ganz mächtig mit einem »Ich – so!? Nein!«.
Leider führt dies oft dazu, das Kind mit dem Bade auszuschütten – sprich unser Interesse an einer wirklichen persönlichen Entwicklung aufzugeben, weil wir eine bestimmte Situation nicht als Spiegel verstehen. »Das kann ja wohl nicht sein, daß ich so bin wie der. Also laß ich es ganz bleiben!«
Ich empfehle daher, diesen ersten Punkt zunächst einmal **bei Dritten** zu beobachten, möglichst bei Personen, denen gegenüber wir eher neutral eingestellt sind.

Wenn Ihnen also das nächste Mal Ihr Kollege erzählt, wie fürchterlich sich ihr gemeinsamer Chef wieder aufgeführt hat, so überprüfen Sie einmal, ob sich dieser Kollege mitunter nicht genauso benimmt.

Sie werden erstaunt feststellen, wie oft dieser erste Spiegelpunkt, das Eigenverhalten, wirklich zutrifft. Wenn Sie – so nach und nach – bei anderen die Richtigkeit dieser Theorie festgestellt haben, dann versuchen Sie es immer öfter auch bei sich selbst.
Und wenn Sie bemerken, daß Sie sich ja mitunter genauso verhalten wie Ihr Gegenüber, dann bedanken Sie sich innerlich freundlich bei ihm dafür, daß er so nett war, Ihnen auf die Sprünge zu helfen. Und gehen Sie in Zukunft daran, dieses negative Verhalten bei sich zu verändern.
Wenn Sie dann dieses Verhalten wirklich abgelegt haben, werden Sie merken – oh Wunder! –, daß Ihnen dieses Verhalten an den anderen gar nicht mehr auffällt oder zumindest nicht mehr stört.
Der Resonanzboden ist praktisch entzogen. Was will auch gespiegelt werden, wenn nichts mehr da ist?
Häufig tritt eine plötzliche Änderung bereits allein durch das Erkennen des Spiegels ein.

2. Das Wunschverhalten

Die zweite Möglichkeit besteht darin, daß uns bestimmte Verhaltensweisen an anderen nur deshalb stören, weil wir im Grunde gerne genauso wären. Der Spiegel kommt also durch unser Neidgefühl zustande.

Wir merken, daß der andere etwas hat oder kann, was wir selbst gerne hätten oder könnten, und ärgern uns **über uns selbst.** Diesen Frust projizieren wir auf den anderen, indem wir ihn ablehnen. Dies ist der einfachste Weg. Wenn wir nämlich das bei anderen ablehnen, was wir im Grunde selbst gerne hätten, so haben wir einen triftigen Grund dafür, es selbst nicht haben zu müssen. Wir lehnen es ja schließlich ab. Wir sind also aus dem Schneider. Wir müssen uns nicht anstrengen, und vor allem müssen wir uns nicht eingestehen, daß wir versagt haben.

Dies ist natürlich eine Milchmädchenrechnung. Solange wir unsere Wünsche verdrängen, können wir sie uns nicht erfüllen. Und solange wir sie nicht erfüllt haben – in welcher Form auch immer (siehe Maslow'sche Bedürfnispyramide) – werden wir auf andere neidisch sein.

Überlegen Sie in Zukunft also bitte, wenn dieser Lackaffe wieder in seinem neuen Designer-Anzug und mit der neuen Blondine in dem neuen Sportwagen an Ihnen vorbeibraust, ob Ihr ungutes Gefühl im Magen nicht vielleicht einfach Ihrem Wunsch nach genau diesen Dingen widerspiegelt.

Und wenn das tatsächlich so ist, überlegen Sie sich, wie sie dies alles ebenfalls bekommen können. Fragen Sie doch ganz einfach den Lackaffen. Vielleicht gibt es ja einen Trick bei der Sache.

Sobald Sie die Spiegelfunktion erkannt haben, ist ihr ungutes Gefühl im Magen umgewandelt in ein »Kuck mal, da fährt einer einen Sportwagen wie ich ihn kriege. Toll, was!?«. Auf jeden Fall aber – und das ist das Entscheidende – werden Sie sich in solchen Situationen nicht mehr mies fühlen.

3. Vermeidungsverhalten

Dies ist der Rettungsanker für alle diejenigen, die »nie im Leben so sind wie der da« und »schon gar nicht so sein wollen«. Sie wollen unter allen Umständen vermeiden, das Verhalten an den Tag zu legen, das Sie bei anderen stört. So wollen Sie nie werden.

Aber wie ist das mit dem Vermeiden?
Fragen Sie doch einmal einen Nichtraucher (im Idealfall also sich selbst), ob er vermeiden muß zu rauchen. Er wird dies verneinen.
Ich muß nämlich nur immer dann etwas vermeiden, wenn ich die Anlage dazu besitze. Die Handlung muß innerlich angelegt sein, damit sie im Außen vermieden werden muß, im letzten Moment quasi abgebrochen, gestoppt. Also liegt auch hier eine Anlage dazu in mir, die gespiegelt wird.
(Sie merken schon: Es bleibt doch wieder bei jedem selbst hängen! So toll ist der Rettungsanker also gar nicht!)
Die Lösung ist dieselbe wie bei Punkt eins, wobei hier nicht das bereits auftretende Verhalten, sondern die innere Prägung selbst angegangen werden sollte.

4. Die Erinnerung

Dieser vierte und letzte Punkt bringt uns zur Verhaltensforschung.
Sie kennen vielleicht die Geschichte von dem Hund und dem Herrn namens Pawlow:

Pawlow, ein russischer Physiologe und Nobelpreisträger für Medizin (1904), untersuchte in seinem Labor bei einem Hund den Speichelflußreflex. Mit speziellen Sonden konnte er feststellen, daß jedesmal, wenn er dem Hund etwas zu essen hinstellte, diesem förmlich »das Wasser im Maul zusammenlief«. So weit nichts Besonderes.
Nun ließ er aber jedesmal, wenn das Fressen kam, auch eine Glocke läuten. Der Hund lernte also, daß Fressen und Glocke in direktem Zusammenhang standen.
Und dieser Zusammenhang wurde für den Hund nun so fest, daß ihm sogar dann das Wasser im Maul zusammenlief, wenn er nur die Glocke hörte, also es gar kein Fressen gab.

Die Wissenschaft nennt dies »bedingten Reflex« oder »klassische Konditionierung«.

Daß wir Menschen sehr häufig genauso auf bestimmte Auslöser konditioniert sind, wird im täglichen Leben selten bedacht.
Oft stört uns das Verhalten, die Stimme, die Gestik oder sonst etwas an einem fremden Menschen nur deshalb, weil wir genau dieses Ver-

halten mit einem ganz anderen Menschen verbinden, den wir in negativer Erinnerung haben.
Im Grunde haben wir also nichts gegen diesen Menschen, den wir gerade vor uns haben, sondern er erinnert uns lediglich an jemand anderen.
Kein Grund also, sich über ihn aufzuregen. Er kann ja nichts dafür, daß er die gleiche Nasenform hat wie der Onkel, der mich als Kind immer fürchterlich verdroschen hat.
Da aber die Ursache der Probleme, die wir damals mit diesen Menschen hatten, in einem der drei ersten Punkte zu suchen ist, ist die Erinnerung nur eine **zeitlich versetzte Form** des Spiegels.

Zusammenfassend können wir festhalten:
Alles, was uns an anderen Menschen auffällt, hat ursächlich nichts mit diesen Menschen zu tun, sondern mit unserer Einstellung.
In ihnen spiegeln sich immer nur unsere unterbewußten Prägungen wider, weil wir
– selbst so sind,
– selbst gerne so wären,
– nie so sein wollen (aber die Anlage dazu haben) oder weil
– sie uns an andere erinnern.
Und wenn wir uns ganz konsequent an diesen Spiegel erinnern, dann haben wir mit jedem Menschen ein gutes Auskommen.

Das heißt nicht, daß wir mit jedem dick befreundet sein müssen, aber zumindest haben wir ihm gegenüber keine negativen Gefühle mehr.
(Und Sie wissen ja, daß negative Gefühle zu negativen Mustern führen!)
Wenn Sie also in Zukunft irgend etwas an einem anderen stört und Sie ihm vielleicht gerade eine entsprechende Bemerkung an den Kopf werfen wollen, dann überlegen Sie kurz: »Wie war das mit dem Spiegel?« Sie meinen ja im Grunde nicht ihn, sondern sich selbst. Also können Sie sich die Bemerkung auch sparen. Und Sie können zu einem normalen Umgang übergehen.
Wenn dagegen Ihnen gegenüber jemand eine solche Bemerkung macht, so können Sie sich ebenfalls an den Spiegel erinnern und bei sich den-

ken: »Schön, daß ich dir gerade als Spiegel dienen durfte. Aber ich weiß, du meinst im Grunde nicht mich, sondern dich selbst.«
Und auch hier kann der unvermeidliche Streit und Ärger ausbleiben. Überlegen Sie einmal: Wenn Sie morgens in Ihr Bad kommen und Sie sehen im Spiegel ein schrecklich ungekämmtes Etwas, wen kämmen Sie dann?
Sich selbst oder das Spiegelbild?
Sehen Sie! Im Alltag aber wollen wir immer nur das Spiegelbild verändern. Und das funktioniert natürlich genau so wenig wie morgens im Bad.

In Unwissenheit dieser Dinge laufen viele Menschen durchs Leben und **zerschlagen** einfach die Spiegel, in die sie gerade sehen. Dieses Zerschlagen nennt man im Leben nur anders. Hier heißt es: *Trennung, Scheidung, Kündigung, Umzug* oder was sonst mit äußerer Veränderung zu tun hat. Wer sich von seinem Partner trennt, ohne den Spiegel erkannt zu haben, wird zwangsläufig beim nächsten Mal die gleichen Probleme wiederfinden. Sie kennen doch sicher auch Menschen, die immer wieder die gleiche Art von Partner, Chef, Kollegen oder Nachbarn haben. Logisch! Wenn ich im Bad den Spiegel zerschlage, weil mir das Bild im Spiegel nicht gefällt, werde ich dennoch beim nächsten Spiegel das gleiche Bild wieder sehen.

Ich will damit nicht sagen, daß man jede Beziehung, jeden Job auf immer und ewig behalten soll. Eine Änderung ist aber nur dann sinnvoll, wenn ich gelernt habe, was der andere widerspiegelt. Sonst tappe ich genau wieder in die gleiche Falle. Und wenn ich es gelernt habe, wenn ich mich, meine Prägungen, meine Überzeugungen verändert habe, dann ist eine Trennung oft nicht mehr notwendig.

Beginnen Sie also bei sich. Verändern Sie Ihre Muster, Ihr Verhalten, und die Welt wird sich verändern.

»Wenn du die Welt verändern willst, mußt du dich selbst verändern.«

Daß das eindeutige Erkennen des Spiegels mitunter etwas genaueres Hinsehen erfordert, möchte ich an einen Beispiel aus meiner Praxis zeigen:

Ein Seminarteilnehmer, nennen wir ihn Paul, hatte sich nach langen Überlegungen bezüglich des Spiegels an mich gewandt, weil er der Mei-

nung war, daß er einen konkreten Punkt hätte, bei dem dieses Modell wirklich nicht passe.
Die Sachlage war folgende: Paul war Mitglied einer recht großen Familie, die sich regelmäßig zu irgendwelchen Feierlichkeiten traf. Die ansonsten sehr gute Harmonie wurde lediglich immer wieder durch ein männliches Familienmitglied gestört. Der Mann war Raucher und wollte auch bei diesen Treffen nicht darauf verzichten, obwohl Paul gerade erst Nachwuchs bekommen hatte und das Baby auch von den Nikotinschwaden betroffen war. Wegen dieser Konstellation gab es regelmäßig den dicksten Ärger und ebenso regelmäßig endeten die Feiern im Streit.
Paul fragte mich also – fast schon etwas verärgert –, wo denn da nun der Spiegel sei. Erstens würde er selbst nicht rauchen, zweitens wollte er es nicht tun, drittens müßte er es auch nicht vermeiden, hätte als Nichtraucher keine Veranlagung dazu und viertens hätte er so etwas noch nie erlebt, es könnte deshalb auch keine Erinnerung sein.
Hier ging der Ärger also – wie so oft – nicht um das eigentliche Thema, das Rauchen, sondern offensichtlich um etwas ganz anderes.
Daher fragte ich ihn, was ihn denn wirklich an der ganzen Geschichte so ärgern würde. Und Paul erkannte sehr schnell, daß es die Rücksichtslosigkeit dieses Mannes war. Ohne sich um die anderen zu kümmern, tat er einfach, was er wollte.
Also hatten wir einen neuen Anhaltspunkt für den Spiegel gefunden und gingen nun die einzelnen Punkte durch.
War Paul selbst rücksichtslos? Nein, gewiß nicht.
Wollte er manchmal etwas rücksichtsloser sein? Und da machte es »klick« bei ihm. Paul war ein Mensch, der seine eigenen Bedürfnisse und Wünsche immer hintanstellte. Immer nahm er Rücksicht, kümmerte sich um jeden, nur nicht um sich selbst.
Ich empfahl ihm, in Zukunft etwas mehr seine eigenen Interessen in den Vordergrund zu stellen, sich selbst wichtiger zu nehmen. Das Ganze natürlich in kleinen Schritten, aber konsequent.
Mit dieser Empfehlung trennten wir uns.
Nach einigen Monaten traf ich ihn wieder, und er erzählte mir den Ausgang der Geschichte. Nachdem er erkannt hatte, daß der Ärger über den Verwandten im Grunde Neid war, nachdem er selbst begonnen hatte, eigene Wünsche zu realisieren, hatte er plötzlich eine andere Ein-

stellung dem Raucher gegenüber. Durch diese neue Einstellung konnte er ganz anders auf ihn zugehen. Was bisher immer als Angriff und Beschuldigung abgelaufen war, wurde zu einem normalen Gespräch. Paul erzählte, wie er in ruhigen Worten dem anderen seine Einstellung zum Rauchen erklärt hatte, gerade in bezug auf sein kleines Kind, und wie durch dieses offene, harmonische Gespräch der Raucher plötzlich bereit war, in Zukunft draußen vor der Tür zu rauchen. Bisher hatte er gar nicht daran gedacht, dies zu tun, wurde er doch nur angemeckert.

Sie sehen, der Spiegel funktioniert immer, auch wenn wir vielleicht etwas nach dem richtigen Blickwinkel »graben« müssen.

Die gleichen Spiegel-Aspekte sind natürlich auch bei **Situationen** jedweder Art zutreffend.

Durch die gefilterte Wahrnehmung werden uns nur die Situationen auffallen bzw. besonders ansprechen, die unseren inneren Prägungen entsprechen. Wir werden uns immer genau die Ereignisse herauspicken, die unsere inneren Überzeugungen bestätigen.

Also auch hier ist das, was wir um uns herum wahrnehmen – was ja nicht identisch ist mit dem, was um uns herum geschieht – ein Spiegel für uns.

Wenn wir also auf Situationen stoßen, die uns gar nicht gefallen, so müssen wir uns eingestehen, daß es an uns selbst liegt, ob und wie wir diese Situationen wahrnehmen. Bei positiven Erlebnissen sind wir in der Regel mit dem Eingeständnis der Eigenverantwortlichkeit schnell bei der Hand.

Aber interessant und wichtig wird es bei den Dingen, die uns nicht gefallen. Diese zu erkennen und zu verändern, das ist unser Entwicklungspotential.

Unsere Chance liegt darin, aus der äußeren Welt auf die inneren Prägungen zu schließen und entsprechend an dem »Innen« zu arbeiten, um in Zukunft im »Außen« bessere Ergebnisse zu erzielen.

Hierzu aber mehr im nächsten Kapitel.

*Probleme sind Hinweise
auf mögliche Verbesserungen
und somit immer konstruktiv
und positiv.*

*Sie zeigen uns
Veränderungspotentiale
in uns selbst.*

*Solange wir diese
Veränderungen in uns nicht
bewerkstelligt haben,
werden wir die gleichen Probleme
immer wieder haben.
Eine reine Veränderung
unseres Umfeldes
ohne innere Veränderung
bringt keine Lösung.*

Probleme

Was haben wir nicht alles für Probleme!?
Probleme mit unserem Chef, mit dem Partner, mit den Kindern, mit dem Nachbarn (dem Komischen!), mit dem Geld, mit der Gesundheit, mit der Figur oder einfach mit uns selbst. Ich glaube, würde man alle Probleme nacheinander auflisten, so könnte man leicht ein Buch füllen, das an Dicke dem Telefonbuch von New York gleichen würde.
Würde man dagegen die **Ursachen** für die Probleme auflisten, so käme man mit sehr viel weniger Platz aus. Sie kennen die Hauptursache für alle unsere Probleme bereits: unsere eigenen Gedanken!
Wenn wir im vorigen Kapitel feststellten, daß die anderen Menschen und auch die Situationen, die wir erleben, im Grunde nur der Spiegel für uns selbst, für unsere inneren Überzeugungen, also Prägungen sind, dann ist klar, daß auch unsere Probleme nichts anderes darstellen. Und Prägungen – so haben wir gesehen – resultieren aus unseren Gedanken.

Probleme sind äußere Zeichen, daß in unserem Unterbewußtsein Prägungen vorhanden sind, die nicht das beinhalten, was wir mit unserem Bewußtsein gerne möchten. Sie sind also Hinweise darauf, daß es da noch Dinge gibt, die verbesserbar sind. Wenn wir diese verbessern, werden sich unsere Lebensumstände verbessern!

Also sind Probleme – genau betrachtet – etwas sehr Positives! Nicht umsonst heißen sie ja auch »Pro«-bleme und nicht »Kontra«-bleme. »Pro«-bleme sind also »für« etwas, nicht »gegen« etwas, und schon gar nicht gegen uns selbst. Sie sind vielmehr für uns selbst. Sie sind dafür da, daß wir uns ständig verbessern, daß wir lernen und uns weiterentwickeln.
Mit der Entlassung aus der Schule, der Lehre oder der Universität hört das Lernen nicht auf. Viele meinen vielleicht, daß Sie mit spätestens 30 Jahren fertig seien, daß sie ihren Beruf »drauf« haben, Familie und Besitz langsam in die richtigen Bahnen gekommen sind, also mit Volldampf auf die Rente! Aber das Leben sorgt dafür, daß auch diese Menschen nicht mit dem Lernen aufhören, indem es ihnen – ganz nett gemeinte – Probleme schickt.

Das Unglückliche am Lernen ist ja, daß wir bereits in der Schule mitbekommen, daß dieses Lernen oft über *Leid* funktioniert. Anstatt einen Fehler als eine Aufforderung zu sehen, etwas zu ändern, wird er statt dessen mit einer schlechten Note bestraft.
Stellen Sie sich vor, wie weit unsere Wissenschaft wäre, wenn auch dort jeder Fehler bestraft würde. Dort ist es eher so, daß man dann eben herausgefunden hat, wie etwas nicht geht, und auf anderen Wegen weiter sucht.
Wieviele Fehler hat wohl Edison bei der Entwicklung der Glühbirne gemacht? Hätte er nach einigen Versuchen angesichts »so großer Probleme« aufgegeben, wie es die meisten von uns vielleicht getan hätten, müßten Sie dieses Buch jetzt bei Kerzenlicht lesen. (Was zugegebenermaßen sehr romantisch sein kann, aber nicht sein muß.)

Durch diese falsche Programmierung, daß Fehler etwas Schlechtes sind, trauen sich viele gar nicht mehr, überhaupt etwas Neues anzupacken. Man könnte einen Fehler machen und scheitern. Man könnte Probleme bekommen. Aber – wie schon erwähnt – wir kommen gar nicht drumherum zu lernen.
Da die zweite Möglichkeit zum Lernen – neben dem Leid – die *Freiwilligkeit* ist, können wir uns auch frei entscheiden, Dinge zu lernen. Und was wir (freiwillig) lernen sollen, sehen wir tagtäglich in unserem Leben. Dieses spiegelt ja nur unsere inneren Muster wider, und da liegt genügend Potential zur Veränderung.
Wenn wir also unser Leben als Spiegel akzeptieren, die äußeren Umstände als Signale erkennen, um uns selbst zu verändern, dann lernen wir freiwillig.
Mißachten wir aber diese Signale, sehen wir die Dinge als »rein zufällig« und glauben, daß das »gar nichts mit mir zu tun hat«, dann werden die Signale immer deutlicher, bis hin zu dem Punkt, an dem wir sie als Probleme bezeichnen.

Probleme sind also nichts anderes als verschleppte, nicht erkannte Signale zur eigenen Veränderung.

Wenn die Probleme dann groß genug sind, kommen wir gar nicht mehr umhin, uns ihrer anzunehmen und sie zu lösen. Aber bitte zunächst in uns, sonst sind sie nämlich nicht wirklich gelöst und kommen wieder.

Nehmen wir als Beispiel einen Manager, dessen Lernaufgabe es ist, etwas mehr auf seinen Körper zu achten, seinem Körper mehr Ruhe zu gönnen.
Sein Verhalten läuft aber in die andere Richtung. Er ist der Meinung, daß man für seine Karriere alles geben muß, daß Geld und äußere Statussymbole am wichtigsten sind.
Jetzt erhält er Signale aus seinem Umfeld, natürlich als Spiegel für das innere Programm »Karriere«.
Das erste Signal ist möglicherweise eine Sendung im Fernsehen, bei der ihm die immense Arbeitsleistung eines Politikers auffällt. Wie kann ein Mensch nur so viel arbeiten, ohne krank zu werden?
Das zweite Signal ist sein Nachbar, der am Steuer seines Wagens eingeschlafen ist und einen – Gott sei Dank – glimpflichen Unfall verusacht hat. Der Nachbar ist ihm zwar schon näher als der Politiker, aber noch immer sieht er nicht, was das alles mit ihm zu tun hat.
Als Drittes kommt seine Frau ins Spiel, die ihm klipp und klar sagt, daß er zu viel arbeitet und etwas auf seine Gesundheit achten sollte. Aber auch dieses Signal erkennt er nicht und ignoriert es. »Frauen sind immer so ängstlich.«
Das vierte Signal ist dann schon etwas deutlicher. Ein guter Arbeitskollege, der eine ähnliche Arbeitsbelastung hat wie er, wird ernsthaft krank. Diagnose: zuviel Streß. Aber »es gibt halt Menschen, die für die harte Geschäftswelt nicht geschaffen sind«. Auch dieses Signal erkennt er nicht.
So könnte es immer weiter gehen bis zu dem Punkt, an dem er selbst einen Herzinfakt erleidet. Jetzt hat er ein echtes Problem. Aber dieses Problem läßt ihm keine Wahlmöglichkeit mehr, auf welche Weise er seine Lektion lernen soll. Jetzt liegt er im Krankenhaus, jetzt hat er Ruhe, jetzt achtet er auf seinen Körper. (Leider gibt es aber auch immer wieder Menschen, die selbst so starke Signale nicht erkennen, und dann irgendwann »ganz zufällig« am dritten Herzinfarkt sterben.)
Hätte unser Manager früh genug erkannt, daß die einzelnen »zufälligen« Ereignisse im Grunde nur der Spiegel für ihn selbst waren, hätte er die wirklich dicken Probleme vermeiden können. Hätte er freiwillig gelernt, hätte er sich das Leid ersparen können.
Überdenken Sie doch einmal Ihr eigenes Leben. Nehmen Sie sich ein größeres Problem und überlegen Sie, welches Grundmuster, welche

Prägung dahinter stehen könnte. Welche psychische Ursache könnte dahinter stecken?

Und jetzt gehen Sie einmal zurück und überlegen Sie, welche Dinge Ihnen passiert sind, bevor Sie dieses Problem hatten und die in genau die gleiche Richtung zeigten. Ich bin sicher, wenn Sie dafür offen sind, werden Sie eine ganze Reihe von Situationen finden, die bereits Signale waren, die Sie aber ganz offensichtlich (sonst wäre das Problem nicht mehr aufgetreten) nicht als solche erkannt haben.

»Was will es mir sagen?«

Wenn Sie sich mehr und mehr diese Frage stellen, wenn Ihnen außergewöhnliche Dinge passieren, werden Sie freiwillig lernen. Aber auch wenn Sie tatsächliche Probleme haben, werden Sie diese als Aufforderung zum Lernen sehen und sich nicht mehr als Opfer der Umstände fühlen.

Probleme sind »für« etwas, für die richtige Richtung nämlich.

Immer wenn wir gegen unsere Natur handeln, wenn wir unsere eigentlichen Fähigkeiten und Begabungen mißachten, wenn wir gegen uns selbst handeln, werden wir Probleme bekommen. Aber das Tolle daran ist: jeder, der gemäß seiner Natur handelt, jeder, der seine Fähigkeiten und Begabungen nutzt, jeder, der für sich handelt, führt ein erfolgreiches und glückliches Leben.

Probleme sind also Hinweise darauf, wie wir ein besseres Leben führen können, wie wir erfolgreicher und glücklicher sein können. Probleme sind Wegweiser, die uns die richtige Richtung zeigen.

Seien Sie deshalb nicht gegen Ihre Probleme, kämpfen Sie nicht gegen sie. Seien Sie vielleicht sogar ein bißchen dankbar, wenn Sie wieder mal ein kleines Problem haben. Sie haben somit die Chance, Ihre Verursacherrolle darin zu erkennen und einen wesentlichen Schritt hin zu mehr Zufriedenheit und Glück zu gehen.

*Ereignisse,
die der Mensch
nicht begreift,
nennt er
Zufall.*

Der Zufall

Aus dem bisher gesagten können wir also zweifelsfrei schließen, daß es den Zufall als solches, wie wir ihn kennen, nicht gibt.

Zufall ist das, was uns zufällt. Nicht mehr und nicht weniger.

Alle Wirkungen gründen auf einer Ursache. Und diese Ursache legen – was uns betrifft – in jedem Fall wir selbst. Aus dem Biologie-Unterricht ist mir immer noch ein Beispiel über Wirtstiere in Erinnerung, das mich bis heute zutiefst beeindruckt:

Wirtstiere sind, wie Sie vielleicht wissen, Lebewesen, die von anderen Organismen (auch Schmarotzer genannt) als Lebensraum genutzt werden.

Nun gibt es auch Schmarotzer, die im Laufe ihres Lebens oder ihrer Entwicklung mehrere solcher Wirtstiere »bewohnen«. So zum Beispiel der »kleine Leberegel«, dessen Entwicklung folgendermaßen aussieht: Der kleine Leberegel lebt im Darm des Schafes. Die Eier, die er legt, können sich aber nicht im Schaf entwickeln, sondern müssen auf eine abenteuerliche Reise.

Zunächst werden sie über den Kot ausgeschieden. Der nächste Wirt, den sie zu ihrer Entwicklung brauchen, ist eine Landschnecke, die die Eier frißt. Hier schlüpft die erste Generation des Leberegels und entwickelt sich auch zur zweiten Generation, die ganz anders aussieht (es findet ein sogenannter »Gestaltwechsel« statt). Nun muß aber diese zweite Generation, um sich endgültig in einen »fertigen« Leberegel verwandeln zu können, wieder zurück ins Schaf.

Diese zweite Generation wird daher von der Schnecke wieder ausgeschieden und von Ameisen gefressen. Dort wandern die Organismen in die Leibeshöhle und eine einzige in das sogenannte Unterschlundganglion. Dies veranlaßt die Ameise, durch die Anregung der Mundwerkzeuge, am nächsten Grashalm, den sie finden kann, nach oben zu krabbeln und sich dort festzubeißen.

Sie erleidet einen Krampf der Mundwerkzeuge und kann sich nicht mehr lösen. Durch diese exponierte Stellung können die Ameisen sehr

leicht von den Schafen bei ihrer normalen Nahrungsaufnahme mitgefressen werden.
Der kleine Leberegel ist also wieder dort, wo er hingehört. Er entwickelt sich hier weiter zu seiner endgültigen Form, wird erwachsen, legt selbst Eier, und das Spiel beginnt wieder von vorne.

Wenn Sie das nächste Mal eine Ameise auf einen Grashalm klettern sehen, würden Sie das vor diesem Hintergrund noch als Zufall betrachten? Sicher nicht! Also nochmals: *es gibt keinen Zufall!*
Würde es den Zufall als das, was man gemeinhin darunter versteht, wirklich geben, dann gäbe es mit Sicherheit unsere gesamte Welt nicht mehr. Der gesamte Kosmos läuft mit einer solchen Präzision ab, die sich kein Mensch ausdenken könnte. Und versuchen Sie nur mal einen Tag vielleicht die Abläufe in Ihrer Familie, dem Zufall zu überlassen:

Falls der Mann zufällig von der Arbeit nach Hause kommt und seine ihm zufällig angetraute Ehefrau ihm zufällig das Essen gekocht hat, dann kann er essen. Vorausgesetzt, daß zufällig auch Messer und Gabel vorhanden sind, sonst könnte er sich zufällig ganz schön die Finger verbrennen.

Absurd, nicht wahr?
Wir sollten uns hüten, bestimmte Vorkommnisse als Zufall abzutun, nur weil wir nicht in der Lage sind, den Zusammenhang zu verstehen. Alles was passiert, ist geplant! Es geschieht nichts aus Zufall. Kein Treffen zweier Menschen, keine Verspätung, kein Verkehrsunfall, alles ist Teil eines großen Planes. Und diesen Plan gestalten wir Menschen, durch die Anwendung der geistigen Gesetze, durch die Art unserer Gedanken und somit den Prägungen im Unterbewußtsein.

*Eigenverantwortung
bringt eine
große Bürde,
aber auch
die Chance
der freien
Steuerbarkeit.*

Absolute Eigenverantwortlichkeit

Was meinen Sie wohl: wie viele Gedanken können wir in einem Moment bewußt denken?
Fünf, zehn, hundert, tausend?

Sicher gehen uns oft Hunderte von Gedanken durch den Kopf! Aber wenn Sie genau überlegen, dann werden Sie feststellen, daß diese »hundert Gedanken« nicht in einem Moment, sondern immer nur hintereinander, einer nach dem anderen kommen. Die Abstände zwischen den einzelnen Gedanken betragen mitunter nur Bruchteile von Sekunden, so daß wir meinen könnten, sie kämen alle auf einmal. Aber wir können immer *nur einen Gedanken in einem Moment denken!*
Und wer entscheidet, was wir denken? Unser Umfeld, die Werbung, unser Partner, unsere Eltern?
Sicher haben wir bestimmte Veranlagungen durch unsere Erziehung oder unsere Mitmenschen, aber letztendlich entscheidet jeder selbst, was er denkt. Sogar eine massive körperliche Bedrohung kann Sie nicht dazu bringen, etwas Bestimmtes zu denken. **Wir** entscheiden, jeder für sich, was wir denken! Wir alleine sind für unsere Gedanken verantwortlich!
Wenn wir nun wissen, daß wir immer nur einen Gedanken auf einmal denken können, und daß nur wir alleine für die Inhalte unserer Gedanken verantwortlich sind, und wenn wir darüberhinaus erfahren haben, daß unsere Gedanken verantwortlich sind für unser Leben: wer entscheidet dann über unser Leben. *Wer ist verantwortlich für uns?*
Genau! *Wir selbst,* ganz alleine!
Übernehmen wir also die Verantwortung für alles, was uns betrifft. Wir schaffen ja schließlich unsere Welt selbst, wer sollte also sonst dafür verantwortlich sein.

»Jeder bekommt das, was er verdient. Aber nur der Erfolgreiche gibt es zu.«

Wie oft erzählen wir, was *wir* alles erreicht haben, aber auch, was uns nicht gelungen ist und welche *andere Person* daran schuld ist. Wer anderen Menschen oder Umständen Macht über das eigene Leben zugesteht, wird immer in der Erwartung leben, daß der eigene Plan wieder und wieder durchkreuzt wird.

Erst wenn wir in vollem Umfang die Verantwortung für all das übernehmen, was uns heute umgibt, erst dann haben wir die Chance unsere Zukunft voll eigenverantwortlich so zu gestalten, wie wir sie haben wollen. Solange wir mit dem Finger auf andere zeigen und ihnen die Schuld zuweisen, solange müsssen wir auch warten, bis diese anderen irgend etwas ändern, damit es uns besser geht. Mit dem Wissen und dem Verständnis der geistigen Gesetze haben wir sozusagen den Schwarzen Peter bekommen. Ich denke jedoch, daß es eher ein weißer Peter ist, ein Joker auf unserem Weg zu Glück, Gesundheit, Harmonie, Liebe, Erfolg, Reichtum, und was wir uns sonst noch alles wünschen.

*Auslöser
und Symptome
liegen im Außen,
im Materiellen.*

*Ursachen liegen
immer im Innen,
im Geistig-Seelischen.*

Was wir geben, bekommen wir zurück

Sie kennen bestimmt den Spruch »*Wie man in den Wald hineinruft, so schallt es zurück*«.
Und sicher haben Sie in Ihrem Leben häufig die Erfahrung gemacht, daß da wohl etwas dran sein muß. Vielleicht wurde diese Erfahrung, daß »alles irgendwie wieder auf einen selbst zurückkommt«, auch noch von verschiedenen Seiten bestätigt. Vielleicht haben Sie ja auch in der Bibel gelesen, daß wir immer »das ernten, was wir zuvor gesät haben«. Und wenn Sie sich die bisherigen Ausführungen noch einmal vergegenwärtigen, dann werden Sie feststellen, daß es gar nicht anders sein kann!
Erinnern wir uns:

Alles, was wir denken – und somit auch sagen, tun und wahrnehmen – wird im Unterbewußtsein gespeichert. Alles, was wir oft genug und/oder mit viel Gefühl denken – und somit auch sagen, tun und wahrnehmen, führt zu einer Prägung, einem Automatismus. Und folglich werden wir uns automatisch gemäß der neuen Prägung verhalten, wahrnehmen, auswählen und ausgewählt werden.

Wenn wir uns also häufig auf eine ganz bestimmte Art und Weise verhalten, wird dieses Verhalten zwangsläufig dazu führen, daß wir Leute mit gleichen Prägungen geradezu anziehen – unterbewußt, versteht sich. Und hierbei ist es egal, ob der andere sich genauso verhält wie wir, oder ob er das Gegenstück zu uns ist.
Ein Beispiel:

Peter (17) ist in einem Elternhaus groß geworden, in dem er sehr viel Gewalt erlebt hat, psychische, aber mehr noch physische Gewalt in Form von Schlägen. Durch diese Erlebnisse – häufig und sicherlich mit sehr viel Gefühl durchlebt – wurde das Thema körperliche Gewalt bei ihm zu einer Prägung. Dies führte dazu, daß er heute versucht, seine Probleme automatisch zunächst mit Gewalt zu lösen. Daß dieses Ver-

halten in seiner Umwelt Gegengewalt erzeugt (die andern schlagen zurück), ist der eine Punkt.

Zum anderen wird sich Peter aber gemäß seiner Prägungen auch immer den Freundeskreis suchen, der ähnlich programmiert ist. (Wir nennen das »Milieu«). Er wird durch seinen Kontakt mit anderen gewalttätigen Jugendlichen sehr viel mehr mit Gewalt in Kontakt kommen, als dies in einer friedfertigen Gruppe der Fall wäre. Durch diese Tatsache wird er natürlich seine Prägung zum Thema Gewalt immer mehr verstärken. Sie sehen, ein Teufelskreis!

Es kommt aber noch ein weiterer Punkt hinzu: Durch seine Prägung auf Gewalt ist er auch ein potentielles Opfer. Sie erinnern sich an die Ausführungen im Kapitel zur gefilterten Wahrnehmung. Ein Täter wird sich denjenigen zum Opfer aussuchen, der ebenfalls eine Prägung auf Gewalt vorweist. Entweder, weil er vielleicht Angst vor Gewalt hat (also eher passiv), oder aber, wie bei Peter, weil er selbst gewalttätig ist (also aktiv). Dieses Erleiden von Gewalt bestätigt und verstärkt seine Prägung. Auch hier wieder der Teufelskreis.

Sie sehen, es kommt alles wieder. Dieses Beispiel von körperlicher Gewalt ist sicherlich für viele einleuchtend: Wer schlägt, der wird geschlagen. Weniger deutlich, aber genauso wirksam, funktioniert dieses Prinzip bei allen anderen Verhaltensweisen.

Nehmen wir das Beispiel Diebstahl. Wer ärgert sich nicht darüber, wenn ihm die Brieftasche gestohlen wird? Aber auch hier gilt: Es kommt alles zurück.

(Zum Trost können Sie sich also vorstellen, daß dem Dieb auch demnächst etwas gestohlen wird! Da dies allerdings wenig hilfreich ist in diesem Moment, denken Sie doch einmal in die andere Richtung.)

Wenn Sie also eben bestohlen wurden, und wenn es für alles eine Ursache gibt, wenn alles wieder zum Verursacher zurückkommt, dann fragen Sie sich doch einmal: Wann haben Sie das letzte Mal gestohlen? Wer von Ihnen jetzt wirklich schon bestohlen wurde und sich als ehrlichen Menschen empfindet, der wird jetzt – zumindest innerlich – laut aufschreien!

Aber überlegen Sie doch einmal: Man kann auch jemandem die Zeit stehlen. Oder der zum Volkssport gewordene Versicherungsbetrug. Haben Sie vielleicht beim letzten Haftpflichtschaden etwas gemogelt? Oder gehören Sie zu den Leuten, die falsch herausgegebenes Geld zu Ihren Gunsten, versteht sich – an der Supermarktkasse locker einstecken. Es gibt viele Möglichkeiten, wie man sich – ohne es zu merken – auf Diebstahl programmieren kann.

Nur wenn wir alle damit beginnen, dieses Verursacherprinzip anzuerkennen, wird unsere Welt ganz schnell ehrlicher und friedlicher werden. Und das Beruhigende daran ist, daß wir diese »guten Taten« eigentlich nicht den anderen zuliebe tun (wer tut schon gerne etwas nur für andere!?), sondern für uns selbst. Wir verhalten uns ehrlich, damit auch wir ehrlich behandelt werden. Jeder Betrug, jede Lüge, jedes lieblose Verhalten ist ein Eigentor. Es kommt alles wieder!

Jetzt kennen Sie aber vielleicht einen erfolgreichen Geschäftsmann, der nur über Betrug zu seinem Reichtum gekommen ist. Und dessen Geschäfte laufen hervorragend. Wo kommt es denn da zurück!?

Nun, sicher werden wir eine Untat von heute nicht unbedingt schon morgen wieder erleiden müssen. Das dauert mitunter etwas.

Aber in einem solchen Fall sollten Sie einmal hinter die Kulissen schauen. Betrachten Sie zum Beipiel das Privatleben dieses Geschäftsmannes etwas genauer, seine Partnerschaft, seine Familiensituation oder auch seine Gesundheit. Ich bin sicher, daß Sie bei genauer Betrachtung ganz schnell feststellen, wo er es zurückbekommt.

Die geistigen Gesetze erfüllen sich immer. Häufig ist es – zugegebenermaßen – nicht ganz offensichtlich, wo die Ursache liegt. Aber glauben Sie mir, sie ist da und Sie haben Sie gesetzt.

Aber auch das ist kein Vorwurf, keine Schuldzuweisung. Es geht lediglich um das Erkennen von Ursache und Wirkung. Wenn ich mir darüber im Klaren bin, daß ich alle Dinge um mich herum verursache – direkt oder indirekt –, dann habe ich plötzlich ganz andere Möglichkeiten im Leben.

Ich kann es mir sparen, mich über jemanden aufzuregen, der mir irgend etwas angetan hat. Ich kann mich vielmehr fragen: wodurch habe ich es verursacht. Und wenn ich die Ursache gefunden habe, dann verändere ich diese geistige Einstellung, dieses Verhalten und habe somit die Ursache behoben. Wenn ich immer nur mit dem Finger auf die anderen, die Bösen zeige und nicht meine Prägung, die das Ganze mit verursacht hat, ändere, wird es mir wieder und wieder passieren.

Und das kennen wir alle, daß uns mitunter immer wieder die gleichen Dinge passieren. Ein Beispiel:

Ein Seminarteilnehmer, Klaus L., hatte folgendes Problem. Innerhalb von zwei Wochen hatte er drei Auffahrunfälle. Aber, und das war das Kuriose, er hatte nicht einen davon selbst verschuldet. Immer ist ihm ein anderer Autofahrer hinten aufgefahren.
Schicksal? Pech? Oder einfach Zufall?
Nun, er war offen genug, keines davon anzunehmen. Also setzten wir uns zusammen und überlegten, »was es ihm wohl sagen könnte«.
Ein Auffahrunfall ist ein recht kräftiger Anschub von hinten. Wäre er in diesen Situationen selbst schneller gefahren (einmal ganz davon abgesehen, ob das möglich gewesen wäre), wäre es vermutlich nicht zu dem Unfall gekommen. Also fragte ich ihn: »Gibt es in deinem Leben zur Zeit Situationen, in denen du nicht recht vorankommst, in denen du immer wieder von außen angeschoben werden mußt?«
Eine knappe Zehntelsekunde später kam schon die Antwort: »Oooohhhh, ja!«
Es stellte sich heraus, daß er beruflich (apropos Beruf – es war ein Firmenfahrzeug!) in einer Sackgasse steckte und nicht recht bereit war, eine konkrete Entscheidung zu treffen, obwohl er von seiner Frau immer wieder hierzu angestoßen wurde.
Er erkannte, daß seine Unfälle einfach nur die Folge seiner Unentschlossenheit waren, ein Zeichen, daß er einen Anschub brauchte.
Den gab er sich dann selbst, indem er innerhalb eines Tages eine definitive Entscheidung traf, zum Wohle seines beruflichen Weiterkommens, zum Wohle seiner Familie und nicht zuletzt zum Wohle seiner Unfallstatistik. Seit diesem Zeitpunkt – und das ist immerhin fünf Jahre her – fährt er unfallfrei.

Einen weiteren Punkt, der zu diesem Thema interessant ist, ist das **Geben und Nehmen**.
Sie kennen sicherlich den Spruch, daß Geben seliger ist als Nehmen. Dieser Satz wird jedoch oft mißbraucht, vielfach aus Unkenntnis des tatsächlichen Hintergrundes.
Sie wissen: wir bekommen alles wieder.
Wenn Sie zu den Menschen gehören sollten, die – in Europa sicherlich (noch!) in der Überzahl – lieber nehmen als geben, dann haben

Sie zwangsläufig eine Prägung »Nehmen«. Sie werden also gemäß Ihrer Wellenlänge schwerpunktmäßig Menschen anziehen, die nehmen. Logisch! Sie finden daher keinen (oder eben nur wenige), die geben! Also können Sie auch gar nicht so viel nehmen, wie Sie vielleicht möchten!

Im Extrem wird es noch deutlicher: wenn alle nur nehmen, ist keiner da, der gibt. Und wenn keiner gibt, dann müssen wir es uns eben holen. Das nennt man dann Diebstahl. Aber auch der kommt ja bekanntermaßen zurück. Bingo! Wenn Sie also etwas bekommen wollen, dann müssen Sie einfach anfangen, zu geben. Und je mehr Leute geben, desto mehr werden etwas bekommen. Auch hier wieder im Extrem: wenn jeder gibt, bekommt auch jeder. Zwangsläufig.

Sie sehen, Geben ist tatsächlich seliger denn Nehmen. Geben ist die Voraussetzung, um überhaupt nehmen zu können. Aber Vorsicht! Es gibt ganz Raffinierte, die wollen das für sich ausnutzen. Sie sagen sich: »Um zu bekommen, muß ich vorher geben.« Also geben sie.

Aber das ist nicht gemeint mit Geben. Das ist Investieren. Sie geben ja nicht wirklich, sondern sind im Hinterkopf schon wieder beim Nehmen. Sie denken immer nur ans Wiederbekommen.

Geben ist aus freien Stücken geben. Geben ist ohne Erwartungen geben. Geben ist Geben dem anderen zuliebe.

Dann funktioniert das Prinzip. Helfen Sie anderen aus reinem Herzen, und Ihnen wird geholfen werden! Schenken Sie einem Freund freiwillig einen Teil Ihrer Zeit, und Sie werden beschenkt werden!

Ja, geben Sie Geld für Bedürftige, und Sie werden Geld wiederbekommen!

Gerade beim Geld wird deutlich, daß das Universum immer auf Wachstum ausgelegt ist. Wir erhalten immer mehr zurück, als wir gegeben haben. Toll, was?!

Dummerweise gilt das auch bei allem anderen. Bei Unfreundlichkeit, Haß oder Gewalttätigkeiten. Wir bekommen alles wieder.

»Wir bekommen alles wieder, nur häufig nicht von dem, dem wir geborgt haben.«

Erwarten Sie bitte nicht, daß Sie genau von demjenigen etwas wiederbekommen, dem Sie etwas gegeben haben.

Sehen Sie das kollektive Unterbewußtsein eher als eine große Bank, die Lebensbank!

Alles, was Sie auf diese Bank einzahlen, bekommen Sie wieder. Und zwar mit Zins und Zinseszins. Nicht unbedingt sofort, aber mit absoluter Sicherheit.

Achten Sie deshalb darauf, daß Sie bei all Ihren Vorhaben und Handlungen stets das **Wohl aller Beteiligten** im Sinn haben. Wenn auch nur einer dabei Schaden leidet, wird dieser Schaden auf Sie zurückfallen. Garantiert!

Wenn die Menschheit als Ganzes dieses Gesetz kennen und beherzigen würde, hätten wir tatsächlich das Paradies auf Erden.

Willkommen im Club

Urlaubsszene: Strand, Sonne, Meer, Ferienclub.
Wer kennt sie nicht, ob nun aus eigener Anschauung und Erfahrung oder einfach aus dem Prospekt. Pauschal im Preis für Unterkunft und Verpflegung sind auch eine Unmenge Aktivitäten inbegriffen. Von früh morgens bis spät in die Nacht finden die tollsten Animationen statt, werden die waghalsigsten Sportarten kostenlos angeboten. Jeder im Club hat die Möglichkeit, alles in Anspruch zu nehmen, was seinem Geschmack entspricht. Und ein guter Club ist es sich schuldig, wirklich für jeden Geschmack etwas dabei zu haben.

Sicher wird nicht jeder Feriengast alle Angebote wahrnehmen, man ist ja schließlich im Urlaub, aber es wäre rein theoretisch möglich. Bei Interesse, wohlgemerkt. Am Abend trifft man sich an der Bar mit anderen Clubmitgliedern und tauscht die neu gemachten Erfahrungen aus. Der eine war heute tauchen. Toll war es, ganz phantastisch. Riesige Fischschwärme hat er durchkreuzt und sogar – was für ein »Zufall« – ein altes Schiffswrack entdeckt. »Igitt«, sagt seine Nachbarin, »wenn ich mir vorstelle, was dort unten alles für Viecher leben! Mich würdet Ihr dort nie hinunter kriegen!«
»Das macht mir gar nichts«, sagt ein anderer, »ich glaube, das könnte mir sogar ganz gut gefallen. Ich werde morgen auch zum Tauchen gehen«.
Und so erzählt man, tauscht Erfahrungen aus, gibt Tips und stellt für die nächsten Tage sein eigenes Programm auf.

Warum ich das erzähle? Nun, in unserem Ferienclub hat jeder Gast die gleichen Möglichkeiten, jeder kann alles unternehmen und erleben, wenn er es will. Niemand kommt auf die Idee, den, der gerade vom Tauchen erzählt hat, darum zu beneiden. Warum auch, wenn ich selbst Interesse daran habe, dann kann ich es ja auch tun.
Zurück zu unserem eigentlichen Thema, den geistigen Gesetzen.
Alle Gesetzmäßigkeiten, die in diesem Buch aufgezeigt werden, gelten ausnahmslos für alle Menschen.

Jeder von uns, egal welcher Abstammung, welcher Bildung oder welcher Beziehung, ist diesen Gesetzen unterworfen bzw. kann sich ihrer bedienen.
Wenn ich die Gesetze beachte und sie richtig anwende, dann hat jeder die gleichen Chancen.
Wir sind also im gleichen Club. Jeder kann das gleiche erleben, lernen, erreichen. Diese Tatsache müssen wir uns ganz klar vor Augen halten: jeder hat die gleichen Chancen.
Und darum sollten wir nicht mit einem neidischen Blick auf diejenigen sehen, die genau das haben, was wir so gerne hätten. (Vorsicht: Spiegel!)
Warum der Neid? Wir sind im gleichen Club!
Wenn der andere etwas hat, dann heißt es ja nur, daß es das gibt, und es jeder haben kann. Wir müssen lediglich die geistigen Gesetze anwenden, wie es der andere zuvor ja auch schon getan hat. Selbst die großartigsten Leistungen, die phantastischsten Einkommen, die größten Erfolge sind nur im Rahmen der Clubmitgliedschaft möglich. Und wir alle, also auch Sie, sind in diesem Club.

Sagen Sie also das nächste Mal, wenn Sie hören, daß Herr Soundso für das und das eine soundso große Summe erhalten hat, nicht wie üblich: »Ja, der! Der hat ja auch die und die Voraussetzungen, die ich nicht habe«.

Vergessen Sie es! Wir sind alle im gleichen Club!

Sagen Sie vielmehr: » Das ist toll. Ich hätte nicht gedacht, daß das in unserem Club auch möglich ist!«

Wenn Sie gerne das gleiche erreichen möchten, dann tun Sie es doch einfach.
Sie haben die Möglichkeit dazu!
Nehmen Sie sich die »Großen« zum Vorbild, die immer wieder die Angebotspalette des Clubs weiter erforschen und plötzlich merken, daß auch bisher noch unbekannte Dinge möglich sind. Der Prospekt über unseren Club wird immer dicker und wir werden wahrscheinlich nie aufhören, neue Inhalte dazuzufügen. Jede neue Errungenschaft ist auch allen anderen zugänglich. Was auch nur einer erreicht hat, ist im Grunde für alle machbar. Der Zugriff ins kollektive Unterbewußtsein

funktioniert von jedem Bewußtsein aus. Wenn wir aufhören, uns selbst zu beschränken, uns klein zu machen, können wir alles erreichen, was wir wollen.

Schauen Sie sich um in der Welt, betrachten Sie die »Großen« wie einen Club-Prospekt und lernen Sie von ihnen. Der Tellerwäscher, der zum Millionär wurde, ist im Grunde nur einer, der plötzlich die Chancen seiner Clubmitgliedschaft begriffen hat.

Er hat einfach seinen Prospekt aufgeschlagen und hat die Möglichkeiten gesehen, hat sich an der Rezeption nach dem Weg erkundigt, ist morgens zeitig aufgestanden und hat sich auf den Weg gemacht. Wenn ihm der Weg ab und zu etwas lang vorkam und er schon Zweifel hatte, ob das Ziel überhaupt erreichbar ist, dann hat er einfach nochmals seinen Prospekt zur Hand genommen und nachgelesen.

Er hat sich auch mit anderen Clubmitgliedern unterhalten, die den Weg schon gegangen sind, und hat sich in den schillerndsten Farben das Ziel beschreiben lassen. Und er wußte genau, daß jeder im Club die gleichen Möglichkeiten hat, wenn er nur den Weg geht.

Glauben Sie bitte nicht, daß in unserem Club, in dem alle gleich sind, die einen vielleicht »gleicher« sind als die anderen. Ich habe schon viele erfolgreiche, berühmte und reiche Menschen kennengelernt. Sie haben alle die gleichen Unzulänglichkeiten wie wir, die gleichen Probleme, die gleichen Wehwehchen. Es sind Menschen wie du und ich. Wenn Sie das gleiche erreichen wollen wie einer von diesen Erfolgreichen (oder sogar noch mehr), dann haben Sie die Möglichkeit dazu.

Wenn es je einen Menschen auf dieser Welt gab, der früher krank und später gesund war, können Sie es auch.

Wenn es je einen Menschen auf dieser Welt gab, der früher arm und später reich war, können Sie es auch.

Wenn es je einen Menschen gab, der alleine war und später in einer glücklichen Partnerschaft lebte, können Sie es auch.

Wir sind alle im gleichen Club.

Wir haben die Chance, alles im Club Mögliche zu erreichen.

Vielleicht nicht von heute auf morgen, aber dennoch ganz sicher.

Willkommen im Club!

Der Test

Sicher denken Sie nun, wenn Sie dieses Buch bis hier gelesen haben: »Hört sich gut an! Nur – ob das alles wahr ist?«
Sie haben vermutlich gute Gründe, kritisch zu sein. Vielleicht sind Sie schon öfter etwas leichtgläubig in die eine oder andere Falle getappt. Ich bin immer froh darüber, wenn Teilnehmer in meinen Veranstaltungen kritisch sind und nicht alles unbesehen hinnehmen.
Natürlich ist eine gewisse Offenheit – gerade bei diesem Thema – unerläßlich. Aber wozu haben wir denn unseren Verstand, wenn nicht zum kritischen Abwägen?
Wer diese Dinge, die ich hier beschreibe, sehr schnell und leichtgläubig hinnimmt, läuft Gefahr, dies bei jeder Gelegenheit zu tun. Wenn Sie also morgen ein Buch in die Hand bekommen, in dem genau das Gegenteil von dem steht, was Sie hier gelesen haben, kann es passieren, daß Sie auch das sehr schnell glauben. Deshalb bin ich froh über eine gewisse Vorsicht.
Aber ich bin sicher, daß Sie beim Lesen sehr oft – wenn auch nur innerlich – genickt haben. Daß Sie scheinbar unmögliche und seltsame Begebenheiten in Ihrem Leben plötzlich erklärbar fanden. Daß Sie vielleicht im Grunde immer schon mit so etwas gerechnet haben.
Aber dennoch ist es gut und wichtig, Beweise dafür zu haben, daß dem tatsächlich so ist. Abgesehen von Ihren persönlichen Erlebnissen, die Ihnen bisher und vor allem ab sofort immer wieder das Gelesene bestätigen, kann ich Ihnen zeigen, wie Sie sich das Ganze selbst beweisen können. Sicher gilt das nicht für alle beschriebenen Punkte, aber gewiß doch für die Kraft der Gedanken (und wovon sonst handelt dieses Buch?).
Es handelt sich um einen Test, bei dem die Körperkraft, die Körperenergie im Mittelpunkt steht. Sie wissen sicherlich, daß unsere Körperkraft abhängig ist von unserem Geschlecht (Männer haben in der Regel mehr Körperkraft als Frauen), von unserer genetischen Veranlagung und von unserem Trainingszustand (also, ob wir unsere Muskulatur viel oder wenig gebrauchen). Daß unsere Körperenergie

aber auch von unseren Gedanken abhängig ist, können Sie selbst testen. Sie benötigen hierzu einen anderen Menschen als Partner. Zunächst üben Sie diesen Test ein.
Getestet wird die Kraft des Muskels, der den Arm seitlich hochhebt. Man könnte jeden beliebigen Muskel nehmen, jedoch sieht man die Arbeit dieses Muskels am deutlichsten. Da der Muskel eine D-Form hat, heißt er Delta-Muskel. Man nennt diesen Test deshalb auch den **»Delta-Test«**.

Der »Neutraltest«

Zunächst sollten sich beide Partner an die Testausführung gewöhnen. Hierzu führt man zunächst einmal einen sogenannten »Neutraltest« durch.
Die Übungsausführung sieht folgendermaßen aus:
Beide Partner stehen sich vis á vis gegenüber, jedoch etwas nach rechts versetzt. Die Testperson streckt ihren linken Arm seitlich bis in die Waagerechte ab.
Der Tester legt seine rechte Hand auf das Handgelenk dieses ausgestreckten Armes. Die linke Hand legt er als Gegengewicht auf die rechte Schulter der Testperson. Nun drückt der Tester – nach einem deutlichen »Achtung, jetzt!« – den Arm der Testperson nach unten. Diese hält so fest wie möglich dagegen.

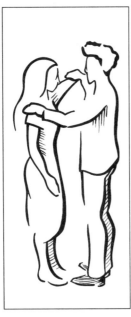

Es geht nicht darum, wer der Stärkere ist. Es geht lediglich darum, daß der Tester herausfindet, wieviel Kraft die getestete Person braucht, um den Arm oben halten zu können. Der Druck nach unten sollte nur so stark sein, daß die Testperson noch dagegen halten kann.

Aufgabe ist also, lediglich die »Neutralkraft« der Testperson zu ermitteln. Der Tester weiß somit, mit welcher Kraft er bei den folgenden Tests drücken kann. Dieser »Neutraltest« sollte ruhig einige Male – auch im Wechsel – wiederholt werden, damit sich beide an den Bewegungsablauf gewöhnen.
Wenn beide das Prinzip erkannt haben, können Sie zum eigentlichen Test übergehen.

Ja – Nein

Wie wichtig es ist, positiv zu denken, können wir mit Hilfe des Delta-Tests überprüfen.
Das negativste Wort, das wir kennen ist »nein«.

Die Testperson streckt ihren Arm zur Seite und wiederholt laut und deutlich das Wort »nein«. Der Tester geht ebenfalls in seine Ausgangsposition. Nachdem die Testperson einige Male das Wort »nein« wiederholt hat, wird der oben beschriebene Test – nach vorherigem »Achtung! Jetzt!« – wieder durchgeführt.

Beide werden die überraschende Feststellung machen, daß es der Testperson nicht möglich ist, ihren Arm oben zu halten, auch wenn der Tester natürlich nur den gleichen Druck ausübt wie beim Neutraltest.

Der gleiche Test mit dem Aufsagen von »ja – ja – ja ...« wird ein völlig anderes Ergebnis bringen. Der Arm der Testperson ist plötzlich um ein Vielfaches stärker geworden.

(Falls gerade Sie, liebe Leserin, lieber Leser, den Test noch nicht praktisch ausprobiert haben, so empfehle ich Ihnen, dies möglichst jetzt zu tun.

Was auf den ersten Blick völlig unmöglich oder vorgetäuscht erscheint, ist im Grunde nur die normale Reaktion des Körpers. Sobald wir gegen etwas sind, sobald wir »nein« zu etwas sagen, haben wir keine Kraft, keine Energie. *(Es ist also eine Katastrophe, wenn 100.000 Menschen auf die Straße gehen und rufen: »Nein! Wir sind gegen Ausländerhaß!« Sie haben gar nicht die Energie, die sie haben könnten, wenn die Parole wäre:»Ja! Wir sind für ein Miteinander«.)*

Es ist deshalb ganz entscheidend, daß Sie Ihre Ziele immer positiv formulieren. Sagen Sie »ja« zur Gesundheit und nicht: »Nein, ich will nicht krank werden!« Sagen Sie »ja« zum Erfolg und nicht »nein« zum Mißerfolg.

Suchen Sie sich Dinge, zu denen Sie »ja« sagen können, und meiden Sie mehr und mehr Dinge, zu denen Sie »nein« sagen. Oft ist hierfür nur eine andere Sichtweise oder eine andere Zielformulierung erforderlich. Aber es macht einen Riesenunterschied!

Apropos Gesundheit: Die gleiche Energie, die es Ihnen ermöglicht bei einem »ja« den Arm oben zu halten, ist es auch, die Ihr Immunsystem unterstützt. Und was meinen Sie wohl, wieviel Energie Ihr *Immunsystem* zur Verfügung hat, um Krankheitserreger abzuwehren oder Ihren Körper genesen zu lassen, wenn sie ein eher negativ eingestellter Mensch sind? Je mehr Sie »ja« zum Leben sagen, desto gesünder werden Sie sein!

Positive / negative Situation

Der gleiche Effekt wird eintreten, wenn Sie für den Delta-Test positive oder negative Situationen heranziehen.

Die getestete Person muß sich lediglich an eine Situation erinnern, in der es ihr schlecht ging und der Arm wird schwach reagieren. Führt sie sich jedoch eine positive Situation vor Augen, so wird der Arm stark sein.

Wie oft grübeln wir über Mißgeschicke nach, die uns einmal passiert sind? Wir schwächen damit unseren Körper, unser Immunsystem.

Glauben Sie vor diesem Hintergrund, daß Sie im Falle einer Krankheit schnell gesunden können, wenn Sie sich die ganze Zeit mit Ihrer miesen Situation, mit den Problemen beschäftigen? Sicher nicht!
Unser Immunsystem ist dann am stärksten, wenn wir uns mit positiven, glücklichen Dingen beschäftigen. Auch wenn Sie krank im Bett liegen, können Sie sich innere Vorstellungsbilder von Gesundheit, von glücklichen Momenten machen. Ihr Immunsystem wird darauf positiv reagieren.

Lachen ist gesund! Diesen Spruch kennen Sie. Aber wußten Sie auch, daß es regelrechte Lach-Therapien gibt, die genau auf dieser Basis arbeiten. Wenn wir uns mit erfreulichen Dingen beschäftigen, werden wir schneller gesund.
Oder noch besser: wenn unsere vorherrschende Beschäftigung sich um etwas Positives dreht, dann werden wir seltener krank, weil ankommende Krankheitserreger besser bekämpft werden können.

Überprüfen Sie vor diesem Hintergrund einmal Ihr Umfeld. Wie sieht es mit Ihrer Arbeit aus, mit Ihrer Partnerschaft, Familie, Freunde? Haben Sie hier mehr positive oder mehr negative Erlebnisse? Falls die negativen Seiten überwiegen sollten, dann werden Sie vermutlich öfter einmal »auf der Nase liegen«. Diese Dinge schwächen uns und machen uns krank. Ändern Sie deshalb schnellstmöglich die Umstände oder zumindest Ihre Einstellung dazu. (Wie das geht lesen Sie im Teil II dieses Buches!)

Smily / Miesy

Nächster Delta-Test.

Malen Sie auf ein DIN A-4-Blatt Papier einen »Smily«, ein Lachmännchen. Es genügt eine Strichzeichnung mit zwei Augen und einem lachenden Mund.

Legen oder hängen Sie dieses Blatt nun so hin, daß die Testperson während des Testes auf den Smily sehen kann.
Sie wird stark reagieren.

Malen Sie nun auf ein neues Blatt einen »Miesy«, also ein Strichmännchen, das die Mundwinkel nach unten hängen hat.

Wiederholen Sie den Test, während die Testperson nun auf den Miesy sieht. Sie wird keine Kraft mehr haben!
(Bevor Sie die Übung beenden, lassen Sie die Testperson bitte nochmals auf den Smily sehen, damit sie mit positiver Energie den Rest des Tages verleben kann!)
Sie sehen, wie entscheidend es ist, in welches Gesicht Sie sehen. Auch im täglichen Leben! Meiden Sie also – soweit möglich – Griesgrame und Miesepeter, nicht allein wegen der negativen Inhalte ihrer Erzählungen, sondern auch wegen ihres Gesichtes.

Lachen / Trauern

Es wäre schlimm, wenn unser Wohlergehen davon abhängig wäre, wie unser Gegenüber aus der Wäsche schaut. Das gleiche Prinzip wie oben funktioniert natürlich auch bei uns selbst.
Probieren Sie es mit dem Delta-Test!
Wenn wir mit hängenden Mundwinkeln durchs Leben rennen, dann werden in unserem Gesicht Nerven angeregt, die unterhalb des Mundes, rechts und links vom Kinn liegen. Diese können Sie auch von Hand anregen.

Machen Sie zunächst nochmal einen Neutraltest, um die normale Kraft der Testperson zu ermitteln. Dann zwicken Sie dem zu Testenden in die besagten Stellen seines Gesichts. Er wird beim erneuten Delta-Test schwach reagieren.

Dann zwicken Sie ihm rechts und links unter den Augen in die Wangen. Das sind die Punkte, die bei einem lachenden Gesicht angeregt werden. Er wird nun stark sein.

Auch dies ist ein Grund dafür, daß Lachen gesund ist.

Der Körper weiß nicht, ob wir wirklich einen Grund haben, glücklich oder traurig zu sein. Er registriert lediglich die ankommenden Signale des Gesichts und reagiert entsprechend.
Diese Tatsache können wir uns zunutze machen:

Wenn Sie das nächste mal schlecht gelaunt sind, machen Sie doch einfach Folgendes: Schauen Sie auf eine Uhr mit Sekundenzeiger und lachen Sie eine Minute lang! Verziehen Sie den Mund zu einer regelrechten Fratze, aber lachen Sie. Zu Beginn kommen Sie sich vermutlich etwas blöde vor. Schließlich geht es Ihnen ja schlecht. Aber nach einigen Sekunden müssen Sie dann schon selbst über sich lachen und wenn die Minute vorbei ist, werden Sie sich tatsächlich besser fühlen!
Diese Tatsache ist in Manager-Kreisen schon länger bekannt. Wenn solche Herren in Marathon-Sitzungen merken, daß Sie langsam abschlaffen, dann verabschieden sie sich für eine Minute auf die Toilette. Sie tun dann aber nicht das, was sonst alle dort machen, sondern sie lachen über das ganze Gesicht. Und kommen frisch und voller Energie wieder zurück.

Deshalb: Wenn Sie Ihre volle Energie nutzen möchten, wenn Sie gesund bleiben oder werden wollen, wenn Sie einfach besser drauf sein möchten, dann machen Sie ein freundliches Gesicht!

Falscher / richtiger Name

Eindrucksvoll ist auch dieser Test:

Bitten Sie die Person, die Sie testen, immer wieder den eigenen Namen zu sagen, also zum Beispiel »Ich heiße Klaus. Ich heiße Klaus. Ich ... «. Achten Sie aber bitte auf genau diese Formulierung »Ich heiße...«!
Der Arm wird im Test stark reagieren.
Lassen Sie die Testperson nun einen falschen Namen wiederholen, also bei dem obigen Beispiel sagt Klaus: »Ich heiße Peter.« Der Arm wird schwach sein und nach unten gehen.

Der Körper merkt, wenn wir lügen!
Jedesmal, wenn wir die Unwahrheit sagen, reagiert der Körper mit einer Schwächung unserer Lebensenergie. Wir schaden uns nur selbst. Also auch deshalb – und natürlich auch aus den Gründen, die wir weiter vorne beschrieben haben: seien Sie ehrlich!
(Übrigens: Dieser Test eignet sich nicht als Lügendetektor. Er überprüft lediglich die Übereinstimmung des bewußt Ausgedrückten mit den Prägungen im Unterbewußtsein.)

Positive / negative Gedanken von anderen

Dieser Test führt auf meinen Veranstaltungen regelmäßig dazu, daß anschließend ein regelrechtes Raunen durch den Saal geht.
Ich verfahre dabei folgendermaßen:

Nachdem ich die Versuchsperson neutral getestet habe, bitte ich sie für einen kurzen Moment vor die Tür. In dieser Zeit erkläre ich den Anwesenden ihre Aufgabe: sie sollen über diesen Menschen während des Testes negativ denken. Aber nur denken, ohne das Gesicht entsprechend zu verziehen (sonst haben wir den gleichen Effekt wie bei dem Smiley) oder sogar über ihn zu schimpfen. Also nur denken und das Gesicht ganz neutral halten.

Die Testperson, die sich anschließend lediglich im Raum umsehen muß, wird schwach reagieren! Bei einem zweiten Test denken alle etwas Positives über die Person, und sie wird stark sein!

Welche Kraft doch Gedanken haben!
Ohne daß irgend etwas gesprochen wird, ohne ein Zeichen, nur durch Gedanken wird die Energie eines anderen Menschen derart beeinflußt. Dieser Test funktioniert auch, wenn nur eine Person als »Sender« fungiert. Sie können das also – mindestens zu dritt – einmal testen.

Wenn Sie diese Tests selbst ausprobiert haben, werden Sie nicht mehr nur glauben, daß Gedanken tatsächlich Kräfte sind, Sie werden es wissen!

II.
Die Programmierung

Die Programmierung

Der Vorgang der Programmierung, also das Anlegen eines Automatismus im Unterbewußtsein, ist Ihnen nun weitgehend bekannt.
Die *häufige Wiederholung* und die *große emotionale Anteilnahme* gilt es nun in einen Rahmen zu bringen, der es uns ermöglicht, uns diese Gesetzmäßigkeiten jederzeit zunutze zu machen.

Die wesenstlichen Methoden, die Sie anwenden können, sind folgende:

Unser Unterbewußtsein arbeitet primär mit **Bildern.** Auch Wörter und Sätze werden in visuelle Eindrücke umgesetzt. Wir machen uns also jedesmal von allem zunächst »ein Bild«. Diesen Tatbestand machen wir uns zunutze und arbeiten bei der Programmierung des Unterbewußtseins direkt mit Bildern.

Bilder und Gedanken werden – zur besseren Verständlichkeit – von uns verbalisiert, also (wieder) in Worte und Sätze umgesetzt. Dies ermöglicht eine Kommunikation mit anderen, aber auch mit uns selbst. Diese verbalen Mittel nennen wir **Leitsätze.**

Wir können diese Bilder und Leitsätze aber auch auf **Symbole** reduzieren.

Der Zugriff zum Unterbewußtsein ist besonders effektiv in einem entspannten Körperzustand. Um diesen zu erreichen, bedienen wir uns der **Meditation.**

Bilder

Die Arbeit unseres Unterbewußtseins läuft zu einem Großteil über Bilder. Alles, was wir denken, was wir hören oder lesen, setzen wir intern in unserem »Biocomputer« Gehirn in Bilder um.
Verschiedene Beispiele verdeutlichen dies:

Nehmen wir zunächst das Lesen. Wenn Sie einen Roman lesen und anschließend die Verfilmung in einem Kino sehen, sind Sie meist enttäuscht. Aber warum? Weil Sie den ganzen Film schon gesehen haben. Nämlich Ihren Film. Beim Lesen läuft innerlich die Handlung vor unserem geistigen Auge mit. Wir machen uns davon – wie es so schön heißt – ein Bild.
Wenn wir nun die Verfilmung im Kino sehen, vergleichen wir unbewußt die Bilder unseres Films mit denen auf der Leinwand. Da der innere Film eher unserem Geschmack entspricht – wen wundert's, wir haben ihn ja schließlich selbst inszeniert – gefällt uns meist der Kinofilm nicht so gut.

Oder stellen Sie sich folgende Situation vor:

Vor Ihnen am Boden liegt ein etwa sechs Meter langes Brett, eine Bau-Bohle. Sie wissen, solche dicken, verstärkten Bretter, die breit genug sind, um darauf zu gehen und stabil genug, daß ein ausgewachsener Bauarbeiter samt Schubkarre gefahrlos darüber kommt. Dieses Brett liegt nun vor Ihnen, aber nicht flach auf dem Boden, sondern an beiden Enden auf einen Backstein gelegt. Der Abstand zum Boden beträgt einige Zentimeter und beim Drübergehen wird es etwas wippen.
Wenn ich Sie nun bitte, über dieses Brett zu gehen, werden Sie dies vermutlich bedenkenlos tun.
Ihre Entscheidung fällt aber aus einem besonderen Grund so aus. In dem Moment, in dem ich Ihnen diese Aufgabe stelle, werden Sie innerlich ein Bild von sich sehen, wie Sie über dieses Brett laufen. Sie beur-

teilen blitzschnell, ob dieses innere Bild von Ihnen gewollt ist oder nicht. Wenn ja, so entscheiden Sie sich – wie in unserem Beispiel – dafür. Legen wir nun aber das gleiche Brett in 20 Meter Höhe von einem First zum andern, und ich bitte Sie, darüber zu gehen, wird Ihre Entscheidung vermutlich ganz anders ausfallen. Warum eigentlich? Es ist das gleiche Brett, es hat die gleiche Breite und es federt ebenfalls. Die Antwort liegt wieder in den inneren Bildern. In diesem Fall werden Sie wahrscheinlich das Bild sehen, wie Sie herunterfallen, vielleicht sehen Sie auch schon Notarzt und Krankenwagen. In diesem Fall beurteilen Sie das innere Bild natürlich negativ, Sie wollen es nicht und lehnen das Angebot dankend ab.

Natürlich liegt hier eine mögliche Gefahr vor. Ob Sie eine Situation aber als potentiell gefährlich oder ungefährlich einschätzen, liegt an Ihrer Einschätzung. Und die wiederum hängt von Ihrer Vorgeschichte ab, von Ihren Prägungen, von Ihren inneren Bildern.

Der einzige Unterschied zwischen beiden Situationen ist aber die Art der inneren Bilder. Wären Sie im zweiten Fall in der Lage, sich innerlich über das Brett gehen zu sehen, so würden Sie es wahrscheinlich auch versuchen. Und könnten Sie dieses Bild des Erfolges während des ganzen Weges aufrechterhalten, so würden Sie es auch problemlos schaffen.

Wenn wir unser Unterbewußtsein neu prägen wollen, so ist es sinnvoll, sich direkt seiner Sprache, also der Bilder, zu bedienen. Hierbei ist es unerheblich, ob diese Bilder aus der Realität kommen oder ob wir sie uns nur einbilden.

Wir können uns die Systematik so vorstellen, als ob in unserem Kopf eine Leinwand angebracht wäre. Von dieser Leinwand werden die Bilder ins Unterbewußtsein abgelegt. Ob die Bilder nun von außen durch unser Auge auf diese Leinwand geworfen werden, oder ob wir sie von innen ähnlich einem Projektor projizieren, ist vollkommen gleichgültig. Der Effekt ist der gleiche.

Da nun aber die Bilder in unserer äußeren Welt nicht immer sehr positiv sind, wir aber nicht unbedingt von den negativen Realitäten neu geprägt werden sollen (wir haben sie ja bereits verursacht!), können wir uns neue, innere Bilder erschaffen.

Die Tätigkeit des »Innere-Bilder-Schaffens« nennen wir **Visualisierung**. Diese Visualisierung können Sie einmal ausprobieren.

Stellen Sie sich bitte vor, daß vor Ihnen, dort, wo Sie jetzt gerade sind, ein kleiner Elefant steht. Stellen Sie ihn sich bitte ganz genau vor, in allen Einzelheiten.
Sehen Sie den kleinen Kopf, die Ohren, die Augen, sehen Sie den Rüssel, mit dem er gerade hin und her wackelt. Sehen Sie auch sein Hinterteil mit dem Schwanz, sehen Sie die Beine, einfach alles. Um das Ganze nun etwas schwieriger zu machen, stellen Sie sich bitte vor, daß dieser kleine Elefant nicht etwa grau ist wie alle anderen Elefanten, sondern rosa. Sehen Sie also jetzt – in allen Einzelheiten – einen kleinen, rosa Elefanten vor sich.

Hat es funktioniert?
Dies war eine Visualisierung, die Schaffung eines inneren Bildes. Wenn Sie sich diesen rosa Elefanten oft genug und/oder mit ausreichendem Gefühl vorstellen, werden Sie dieses Bild fest in Ihrem Unterbewußtsein verankern, und es wird zu einer Prägung werden. Diese Prägung kann nun so bestimmend sein, daß Sie beim nächsten Besuch im Zoo ganz erstaunt sind, daß dort tatsächlich graue Elefanten stehen, wo sie doch normalerweise rosa sind.
Sie lachen? Aber passiert das nicht tagtäglich mit uns?

Wir haben ständig solche rosa Elefanten um uns herum. Nur heißen sie anders, z. B.: faule Ausländer, prügelnde Fußballfans, schlecht autofahrende Frauen und, und, und. »Vorurteile« sind im Grunde rosa Elefanten.
Oder nehmen wir die Politik. Es ist erstaunlich wie zwei verschiedene Parteien ein und denselben Sachverhalt ganz anders darstellen und hierdurch wirklich eine unterschiedliche Sichtweise hervorrufen. Denken Sie auch an die Feindbilder in verschiedenen Ländern. In unseren Köpfen haben wir doch häufig Bilder, die der Realität nicht entsprechen.

Unser Verhalten wird so lange von diesen Bildern im Kopf bestimmt, bis wir sie verändern oder durch neue Bilder ersetzen.

Stellen Sie sich den kleinen, rosa Elefanten doch einmal mit einer Pudelmütze, einem gestreiften Schlafanzug oder mit kleinen grünen Stiefeln vor.
Sie merken: mit jeder Veränderung des inneren Bildes verändert sich auch unsere Einstellung dazu.

(Verändern Sie einfach einmal das innere Bild eines von Ihnen gehaßten Menschen. Ändern Sie die negativen Eigenschaften in positive und beobachten Sie Ihre Einstellung zu diesem Menschen!)

Diese Programmierung durch innere Bilder wird durch eine weitere wichtige Tatsache ergänzt.
Hierzu nochmals eine Visualisierungsübung:

Stellen Sie sich jetzt bitte vor, daß vor Ihnen kein kleiner Elefant steht. Sehen Sie bitte nicht den kleinen Kopf mit den Ohren, den Augen und dem langen Rüssel, der nun natürlich nicht hin und her schwingt, sehen Sie auch nicht das Hinterteil mit dem Schwanz, nicht die Füße, und sehen Sie bitte schon gar nicht, daß dieser Elefant rosa ist.
Sehen Sie also jetzt bitte keinen rosa Elefanten vor sich!

Hat es funktioniert?
Natürlich hat es **nicht** funktioniert! Natürlich haben Sie den rosa Elefanten schon wieder gesehen.
Wir können uns nämlich etwas »nicht« nicht vorstellen! Um uns eine Verneinung bildhaft vorstellen zu können, brauchen wir zunächst das ursprüngliche Bild. Wir kennen dies von verschiedenen Hinweisschildern. Nichtraucherzonen werden zum Beispiel mit einer Zigarette gekennzeichnet, die durchgestrichen ist.
Was hat das aber für Auswirkungen auf die Prägungen unseres Unterbewußtseins? Nun, ganz erhebliche! Denn wie verfahren wir denn im täglichen Leben? Wir wollen zum Beispiel nicht krank werden. Was kommt uns dabei aber für ein Bild in den Sinn? Krankenbett, Operation oder zumindest ein Schal um den erkälteten Hals. Da unser Unterbewußtsein zum größten Teil in Bildern arbeitet, ist klar, daß

hier natürlich die Information »krank« ankommt. Und der Körper wird – wenn die Information oft genug und/oder mit ausreichendem Gefühl angekommen ist – entsprechend mit Krankheit reagieren. Und was wollen wir alles nicht!

Wir wollen nicht arbeitslos werden, wir möchten keinen Ärger im Büro, keinen Streit zu Hause, wir möchten in einer Partnerschaft nicht enttäuscht werden und, und, und...

Da wir aber mit diesem »Nicht-Wollen« im Grunde nur das Gegenteil erreichen, ist es so wichtig, daß *wir uns endlich mit dem beschäftigen, was wir haben wollen, und eben nicht immer mit dem, was wir nicht haben wollen.*

Aber wer weiß denn schon, was er will? Die meisten Menschen wissen tatsächlich nur, was Sie nicht wollen, und wundern sich dann, wenn Sie genau das bekommen. Im Grunde eine logische und ganz normale Sache.

Deshalb heißt es auch **»Positives Denken«,** weil wir uns mit den positiven Dingen beschäftigen müssen, um sie letztendlich auch zu schaffen. Solange ich gegen etwas bin, am besten noch mit viel Gefühl, kann ich es gar nicht verhindern.

Klare, festdefinierte Ziele sind daher eine wichtige Grundlage für den Erfolg.

(Wie Sie Ihre Ziele finden können, werden wir später genauer behandeln.)

Um unserem Unterbewußtsein ganz deutlich zu machen, daß diese Zielvorstellungen **für uns** gedacht sind und nicht etwa für unseren Nachbarn, sollten wir folgendes beachten. Es ist sinnvoll, wenn wir in diesen inneren Bildern – oder besser in diesen Filmen, es sollten keine Standbilder sein, sondern möglichst realistische Abläufe – selbst im Mittelpunkt des Geschehens stehen. Sehen Sie sich also in den entsprechenden Situationen, sehen Sie sich in dem Umfeld, das Sie sich wünschen. Sie sind der Hauptdarsteller Ihres Filmes.

Ob Sie die Szenen so erleben, als ob Sie das Ganze **aus der Perspektive Ihrer Augen** sehen, oder ob Sie sich **wie in einem Film von außen** beobachten, ist zunächst einmal gleichgültig. Häufig ist es jedoch so, daß das eigene Erleben, das Mitten-drin-Stecken in einer Handlung mit mehr Gefühl verbunden wird, als wenn man sich einfach nur beob-

achtet. Und Sie wissen, daß auch die Größe des Gefühls ausschlaggebend für die Schnelligkeit und Festigkeit der Prägung ist. Probieren Sie aus, welche Variante Ihnen besser liegt, bei welcher Art von »Kameraführung« Sie sich besser fühlen. Und verwenden Sie natürlich die, die mit dem besten und stärksten Gefühl einhergeht.
Sie können die Intensität der Gefühle auch dadurch beeinflussen, daß Sie Ihre inneren Bilder richtiggehend bearbeiten. Wie in einem Filmstudio können Sie die Szenen heller oder dunkler erscheinen lassen, können vielleicht angenehme Musik im Hintergrund laufen lassen, Sie können die Beleuchtung ganz gemütlich einstellen, Sie können ein warme, wohlige Atmosphäre erzeugen oder alles tun, was Ihnen hilft, die Szenen wirklich mit viel gutem Gefühl zu erleben. Seien Sie kreativ! Arbeiten Sie vielleicht auch mit unterschiedlichen Farben, einmal kräftigere Töne, das andere Mal eher weichere. Tun Sie alles, was Sie für Ihren Top-Film für sinnvoll und notwendig halten. Es sind Ihnen keine Grenzen gesetzt. Sie sind Drehbuchautor, Regisseur und Hauptdarsteller in einem. Sie haben alle Fäden in der Hand.
Sie können sogar völlig unrealistische Bilder produzieren. Hierzu möchte ich Ihnen die Geschichte eines leukämiekranken Jungen erzählen:

Der behandelnde Arzt hatte ihm – in kindlich verständlicher Form – erklärt, daß in seinem Blut rote und weiße Schiffchen schwimmen. Die roten Schiffchen seien sehr wichtig, weil sie den lebensnotwendigen Sauerstoff zu den Organen transportieren. Nun habe er – der Junge – aber viel zu viele weiße Schiffchen, so daß die roten keinen Platz zum Fahren mehr haben und somit auch ihre Arbeit nicht mehr korrekt ausführen können. Und das sei der Grund, warum er so krank ist.

Nachdem der Junge das gehört hatte, dachte er sich in seiner kindlichen Naivität: wenn es zu viele weiße Schiffchen gibt, müssen die einfach weg. Und so stellte er sich jedesmal, wenn er auf der Toilette war, vor, daß mit seinem Urin ganz viele kleine Schiffchen hinausschwimmen. Er hatte ein inneres Bild von hunderten und tausenden kleiner weißer Schiffchen, die in den Kanal schwammen. Der Junge ist heute kerngesund, obwohl die Ärzte ihn damals aufgegeben hatten.

Kraft der inneren Bilder!

Wichtig für den Erfolg ist also nicht die realistische Vorstellung, sondern der Informationsgehalt für das Unterbewußtsein. Aus unseren Träumen wissen wir, daß unser Unterbewußtes sehr oft mit unrealistischen, symbolhaften Bildern arbeitet. Das gleiche können wir beim umgekehrten Vorgang der Programmierung tun.
Natürlich sollten Sie darauf achten, daß Sie bestimmte Ziele möglichst exakt und realistisch visualisieren. Oft fehlt uns allerdings dafür die Grundlage, gerade wenn es um wissenschaftliche Dinge geht oder um Abläufe im menschlichen Körper.
Hier können wir hervorragend symbolische Bilder nutzen.

Zum Thema Abnehmen empfehle ich meinen Seminarteilnehmern immer folgendes: Sie sollen sich vorstellen, wie bei jedem Gang auf die Toilette ganz viele Fettzellen mit ausgeschieden werden oder wie bei jedem Ausatmen die Fettzellen herausfliegen. Oder Sie sehen einen kleinen Bagger, der an den Problemzonen des Körpers das Fett hinausschaufelt. Kleine Absaugrohre, die man in der Vorstellung an diese Stellen heranführt und die alles Fett hinaussaugen, haben die gleiche Wirkung.

Sie sehen, Ihrer Phantasie sind keine Grenzen gesetzt.
Ein schönes Beispiel aus diesem Bereich möchte ich noch anbringen:

Wenn Sie gerade beim Abnehmen sind und Sie sitzen vor einem Stück Kuchen, das Sie doch so gerne essen würden, tun Sie folgendes:
Stellen Sie sich vor, daß alle Kalorien, die sich in dem Stück befinden, die Form von kleinen Männchen haben. Und sobald diese Männchen sehen, daß Sie den Kuchen gleich aufessen werden, flüchten sie in panischer Angst zum hinteren Ende und drängen sich dort alle zusammen. Sie können nun ganz genüßlich den vorderen Teil des Kuchens essen, den hinteren Teil, wo sämtliche Kalorien stecken, lassen Sie einfach liegen. (Für ganz Gierige noch ein Tip: Lassen Sie alle Kalorien fluchtartig den Kuchen verlassen wie Ratten das sinkende Schiff, sehen Sie sie vom Teller und vom Tisch springen, und essen Sie den ganzen Kuchen!)

Diese Zielbilder – ob realistisch oder eher symbolisch – müssen wir unserem Unterbewußtsein einprägen. Am besten funktioniert dies in der Meditation, auf die wir weiter hinten eingehen werden.

Es ist aber klar, daß zehn Minuten Meditation am Tage mit dem Sehen der inneren Zielbilder nicht sehr viel bringen, wenn Sie die restlichen 23 Stunden und 50 Minuten von außen ganz andere Bilder an Ihr Unterbewußtsein senden.
Natürlich haften die Bilder der Meditation durch die Nutzung der Alpha-Phase im Verhältnis besser als die äußeren Bilder (hierzu Näheres im Kapitel »Meditation«), aber die Übermacht der Wiederholungen (und vermutlich auch der Gefühle den tatsächlichen Gegebenheiten gegenüber) ist doch erdrückend.
Achten Sie deshalb darauf, daß Sie Ihre **äußere Umgebung** langsam aber sicher Ihren inneren Bildern anpassen. Natürlich werden Sie dies in den meisten Fällen nicht von heute auf morgen tun können, aber es ist ein wichtiger Schritt zur Neuprägung.

Wenn Sie sich zum Beispiel Gesundheit wünschen, dann sollten Sie alles aus Ihrer Umgebung wegräumen, was Sie in irgendeiner Form an Krankheit erinnern könnte. Verstauen Sie alle Medikamente in einer Schublade und räumen Sie Rezepte weg. Problematisch ist dies natürlich, wenn Sie im Krankenhaus liegen, aber versuchen Sie trotzdem Ihr Möglichstes.
(Apropos Krankenhaus! Welches Bild sehen Sie bei diesem Begriff vor Ihrem geistigen Auge? Oder bei Krankenschwester, Krankengymnastik, Krankenkasse? Es wäre für uns alle sinnvoller, wenn wir weniger Kranken-, sondern mehr Gesundheitshäuser hätten!)

Oder nehmen wir wieder das Beispiel Figur:

Hängen Sie sich Bilder an die Wand von Zeiten, in denen Sie schlank waren. Wenn Sie keine solchen Bilder besitzen, schneiden Sie sich Fotomodelle aus Katalogen aus, die die Figur haben, die Sie gerne haben möchten. Besonders effektiv ist dies, wenn Sie Ihr Gesicht als Fotomontage darüberkleben. Hängen Sie die Kleider außen an den Schrank, in die Sie wieder hineinpassen wollen. Nicht um sich selbst etwas vorzumachen, sondern als häufiges Signal an Ihr Unterbewußtsein.
Wenn Sie gerne mehr Geld haben möchten, aber in einer recht armen Gegend wohnen, gehen Sie in besseren Wohngegenden spazieren, setzen Sie sich in einem noblen Hotel in die Eingangshalle, gehen Sie in teuren Geschäften bummeln, »tanken« Sie wo immer möglich äußeren Reichtum.

Ganz tolle äußere Bilder entstehen auch dann, wenn Sie einfach so tun, als ob Sie Ihr Ziel bereits erreicht hätten.

Wenn Sie zum Beispiel alleine leben und sich eine Partnerschaft wünschen, dann räumen Sie doch Ihre Wohnung schon einmal so um, als ob wirklich bereits ein Mensch bei Ihnen wohnen würde. Stellen Sie vielleicht ein zweites Zahnputzglas ins Bad, machen Sie Platz in Ihrem Kleiderschrank, oder was sie sonst noch tun würden, wenn Sie wüßten, daß heute jemand einzieht.

Zum Thema äußere Bilder gehört heute natürlich auch das »Fernsehen«. Auch diese Bilder haben Einfluß auf die Prägungen in unserem Unterbewußtsein.

Ich möchte hier nur einen Punkt – stellvertretend für alle anderen, vielleicht aber den wichtigsten – herausgreifen: Gewalt. Untersuchungen in den USA (und wir sind sicher nicht sehr weit davon entfernt) haben ergeben, daß im Schnitt in jeder Sendung für Erwachsene pro Stunde acht und in Sendungen für Kinder pro Stunde 16 (!) Gewalttaten zu sehen sind. Jugendliche haben im Schnitt bereits 18000 Morde gesehen! Und nochmals: unser Unterbewußtsein – nicht nur das unserer Kinder (!) – kann nicht zwischen realen und fiktiven Bildern unterscheiden.

Zur Zeit kursiert das Problem Gewalt in allen Schulen. Wenn wir uns die vorangegangenen Grundsätze nochmals vor Augen führen, so ist dies kein Wunder. Wenn wir – und noch mehr unsere Kinder – sehr oft und wahrscheinlich mit viel Gefühl sehen, daß Konflikte jeder Art mit Gewalt gelöst werden, dann wird dies zu einem festen Verhaltensmuster. Unsere Kinder haben oft nicht genügend andere Bilder, um andere Reaktionen zu verankern. Achten Sie deshalb bewußt darauf, welche Sendungen Sie und Ihre Kinder sich im Fernsehen anschauen. Sie haben wesentlichen Einfluß auf das zukünftige Leben.

Ich möchte aber noch eine Anmerkung zum Thema Bilder machen, die mir sehr wichtig ist: Da unser Unterbewußtsein von Bildern dominiert wird, läuft auch unser Gedächtnis primär visuell. Wir sehen das beispielsweise daran, daß wir uns an abstrakte, schlecht vorstellbare Dinge nur sehr schwer erinnern. Der Großteil unserer Erinnerungen sind Bilder. Das betrifft natürlich auch unsere Erinnerung an bestimmte negative Situationen, an Kränkungen, an psychische Ver-

letzungen. Und wie oft »suhlen« wir uns förmlich in solchen destruktiven Gedankenbildern. »Weißt du noch damals, als der das und das mit mir gemacht hat?« »Wenn ich den sehe, wird mir jetzt noch ganz übel!« und so weiter, und so weiter.
Abgesehen davon, daß es uns zum Zeitpunkt der Erinnerung schlecht geht (siehe Delta-Test), prägt sich natürlich die erneute Beschäftigung mit dem Thema wieder in unser Unterbewußtsein ein und wir verursachen das gleiche nochmal.

Deshalb ist es wichtig, daß wir lernen, zu vergeben.

Nicht, um »diesen Schweinehund« ungeschoren davonkommen zu lassen, sondern um uns selbst von den negativen Bildern zu befreien. »Alles verzeihen, heißt alles vergessen.« Dieser Satz birgt sehr viel Wahrheit. Wenn Sie sich an bestimmte Situationen noch erinnern, haben Sie noch nicht verziehen. Verzeihen Sie, damit nicht immer wieder die alten Bilder hochkommen.
Wer Probleme mit dem Verzeihen hat – was in vielen Fällen durchaus verständlich ist – der sollte sich fragen, ob diese eine (oder mehrfache) Situation nicht schon genug war. Durch das Festhalten an unserem Zorn verursachen wir nur die gleichen Situationen nochmals. Deshalb der Appell: *Verzeihen Sie jedem alles! Zu Ihrem eigenen Nutzen.*
Und noch ein Letztes zu den Bildern: In den vergangenen Jahren wurde für Unternehmen jeder Größenordnung immer klarer, daß auch eine Firma ein Ziel in Form eines klaren Zielbildes benötigt. Man spricht dann von der »Unternehmensvision«.
Hier ist jedoch darauf zu achten, daß diese Vision von allen Mitarbeitern mitgetragen wird. Sonst hat sie wenig Wirkung. Die einzige Möglichkeit, daß wirklich jeder in der Firma sich mit dem Unternehmensziel und dem entsprechenden Bild identifiziert, ist, diese Vision gemeinsam von allen entwickeln zu lassen.
Ein Ziel, das von oben aufgepflanzt wird, wird nie das eigene Ziel sein. Ein Ziel, das der Einzelne mitgestaltet hat, wird ihn dazu anspornen, alles zu tun, um es zu erreichen.

Leitsätze

Nun ist es allerdings problematisch, den ganzen Tag mit irgendwelchen Zielbildern im Kopf herumzulaufen. In der täglichen Meditation die inneren Bilder zu visualisieren, ist der eine Punkt. Durch die Anpassung seiner Umwelt die äußeren Bilder den inneren anzugleichen, ist der zweite. Natürlich ist es darüber hinaus notwendig, sich im Laufe des Tages so oft wie möglich die Zielbilder innerlich vorzustellen oder sogar so zu tun, als ob das Ziel bereits erreicht sei.

Daneben haben wir aber auch unser tägliches Leben zu bewältigen und dazu gehört auch die Konzentration auf das, was wir gerade tun. Sich auf ein neues Ziel vorbereiten heißt nicht, die jetzigen Aufgaben zu vernachlässigen. Im Gegenteil! Wir sollten uns durch gute Leistungen jetzt für ein besseres Morgen qualifizieren. Wer aber den ganzen Tag mit inneren Bildern beschäftigt ist, kann natürlich nicht seine volle Leistungsfähigkeit bringen. Davon abgesehen kann es passieren, daß er vielleicht vor lauter inneren Bildern die äußeren nicht mehr wahrnimmt und unter Umständen an den nächsten Laternenmast läuft. Deshalb ist es zweckmäßig, diese Zielbilder auf Sätze zu reduzieren. Kurze, knappe Sätze, die in eindeutiger Form das Zielbild beschreiben nennen wir **Leitsätze** oder auch **Affirmationen.**

Dabei sind einige Punkte zu beachten:
Da wir in unseren Bildern das Ziel bereits vorwegnehmen, müssen wir dies natürlich auch bei den Leitsätzen tun. Das heißt, diese Sätze müssen immer in der **Gegenwartsform** formuliert werden.
Wenn Sie also zum Beispiel krank sind und wieder gesund werden möchten, so wäre die passende Affirmation »Ich bin gesund«. Sie werden nun vielleicht einwenden, daß Sie doch nicht einfach behaupten können, gesund zu sein, wenn Sie krank in Ihrem Bett liegen. Sie meinen, sich nicht selbst belügen zu können. Es geht nicht darum, daß wir

uns selbst etwas vormachen. Es geht darum, daß wir die Systematik der Prägung unseres Unterbewußtseins konsequent nutzen.

Wenn wir sagen würden »Ich werde gesund«, so entwerfen wir innerlich ein Bild, wie wir immer noch im Bett liegen, es uns zwar langsam besser geht, aber dennoch noch nicht das Ziel erreicht haben, gesund zu sein.

Und Sie wissen ja, daß wir uns immer auf ganz feste Zielbilder hinbewegen.

Wenn Sie sagen »Ich werde gesund«, so wird Ihr Unterbewußtsein sagen: »Ist in Ordnung! Sag' bitte Bescheid, wenn du so weit bist!«

Wenn Sie Probleme mit solchen Behauptungen haben, die in keiner logisch nachvollziehbaren Verbindung mit der Realität stehen, so können Sie Formulierungen verwenden wie *»Mir geht es von Tag zu Tag immer besser und besser«* (dies ist übrigens die älteste moderne Affirmation, entwickelt von Coué). Somit sind Sie aus dem Schneider.
Wenn Sie nämlich jedesmal, während Sie Ihre Affirmation innerlich wiederholen, eine andere innere Stimme hören, die Ihnen sagt, daß das alles gar nicht wahr ist, so wird Ihr Ziel kein Stück näher kommen. Eher geschieht das Gegenteil. Denn hinter diesem »inneren Schweinehund« steht viel mehr Gefühl, als hinter unserer Behauptung, wenn wir sie nicht wirklich glauben.
Formulieren Sie deshalb Ihren Leitsatz immer so, daß er seinen Zweck auch wirklich erfüllt.
Eine weitere wichtige Grundbedingung für die Erstellung von Affirmationen ist die Vermeidung aller Verneinungen, **also die Verwendung von positiven Aussagen.** Wenn Sie zum Beispiel sagen »Ich bin kein Versager«, werden Sie natürlich innere Bilder von Situationen sehen, in denen Sie versagt haben – und dadurch diese Prägung erneut festigen. Sie werden wieder und wieder versagen. Erinnern Sie sich an das Beispiel vom rosa Elefanten im letzten Kapitel und die Konsequenzen daraus? Vermeiden Sie deshalb die Wörter »kein« und »nicht« in Ihren Formulierungen, sie bewirken nur das Gegenteil. Jetzt werden Sie vielleicht auf folgende Idee kommen: Sie sagen sich ganz oft »Das kann ich nicht«, Ihr Unterbewußtsein versteht aber dieses »nicht« nicht, und somit können Sie es dann doch. Der Gedankengang ist gut,

aber leider nicht zutreffend. Es kommt im Grunde weniger auf die Formulierung an als auf die Bilder, die wir innerlich damit verbinden. Und wenn wir »Das kann ich nicht« sagen, werden wir Szenen sehen, in denen unser Vorhaben wirklich schief geht. Also doch wieder nicht positiv. Um grundsätzlich sicher zu gehen, verwenden Sie bitte nur positive Formulierungen.

Die Leitsätze sollten nach meinem Dafürhalten außerdem kurz und »knackig« sein. Viele Autoren empfehlen lange, ausgedehnte und ausführliche Formulierungen. Ich hingegen sehe darin ein großes Problem:

Die Affirmationen sind dazu gedacht, daß wir sie im Laufe des Tages, wann immer wir uns daran erinnern oder den Kopf dafür frei haben, anwenden. Dafür kommen alle Tätigkeiten in Frage, die keine besondere geistige Aufmerksamkeit bedürfen. Denken Sie an Routinearbeiten auf Ihrer Arbeitsstelle oder im Haushalt, denken Sie an Fahrten mit dem Auto oder dem Bus, denken Sie auch an Wege, die Sie gehen. Wieviel mehr Spaß macht zum Beispiel das Bügeln, wenn Sie es nicht einfach nur so tun, sondern sich bei jeder Bewegung des Bügeleisens zum Beispiel sagen: »Ich bin schlank, Gott sei Dank«. Wie anders laufen Sie über den Gang in Ihrer Firma, wenn Sie im Rhythmus des Gehens denken: »Ich hab' die Kraft, die alles schafft«. Wenn unsere Leitsätze dagegen sehr lang sind, dann reichen viele Gelegenheiten zeitlich gar nicht aus.

Außerdem ist die Wiederholung für die Wirksamkeit wichtig. Können wir unser Ziel in einen kurzen »Slogan« einbinden, werden wir diesen natürlich viel öfter wiederholen können als einen langen Satz oder sogar mehrere Sätze.

Es gibt aber noch einen weiteren Grund, warum ich für **kurze, knappe Leitsätze** plädiere: Wir werden den ganzen Tag mit negativen Botschaften bombardiert. Denken Sie nur an Nachrichten in Rundfunk und Fernsehen, denken Sie an Zeitungen aller Art oder auch an sogenannte »normale« Filme im Fernsehen oder im Kino. Immer werden wir schwerpunktmäßig mit Gewalt, Verbrechen, Krankheit, wirtschaftlichen Problemen und vielem anderem konfrontiert. Aber auch im täglichen Gespräch mit anderen Menschen dominieren häufig die negativen Inhalte. »Tratsch« jeder Art soll hier nur stellvertretend stehen.

Somit haben wir uns auch angewöhnt – Sie wissen, die häufige Wiederholung – ebenfalls sehr stark negativ zu denken.
Wenn wir uns ein – positives – Ziel gesetzt haben, ist die Wahrscheinlichkeit, daß uns immer wieder ein Unmenge von Argumenten einfällt, warum wir es nicht erreichen können, recht groß. Dagegen können wir unsere Leitsätze als als eine Art **»Fliegenklatsche«** einsetzen. Immer wenn so ein negativer Gedanke sich in unserem Gehirn breitmachen will, setzen wir unsere Affirmation dagegen. Am besten sogar schon, bevor wir den negativen Gedanken überhaupt zu Ende gedacht haben.
Wenn wir eine sehr lange Affirmation haben, geht diese »Fliegenklatschen-Funktion« verloren. Wenn wir zuerst tief Luft holen müssen, um alles aufzusagen, hat sich der destruktive Gedanke bereits in aller Seelenruhe breitgemacht.
Und Sie wissen ja, alles was wir oft genug denken, hat die Tendenz, sich zu verwirklichen.
Um unsere Leitsätze fließend auch während des Gehens sprechen zu können, ist es gut, wenn ein bestimmter **Rhythmus** vorhanden ist. Und wenn wir es ganz perfekt machen wollen, sorgen wir noch für einen **Reim,** damit sich der Leitsatz richtig fest einprägt.
Einige Beispiele, die Sie natürlich gerne übernehmen können, sollen dies verdeutlichen:

»Ich hab' die Kraft, die alles schafft!«
»Ich bin schlank, Gott sei Dank!«
»Ich bin reich wie ein Scheich!«
»Ich habe Mut, es geht mir gut!«

oder

»Es geht ganz leicht!«
»Ich liebe mich bedingungslos!«
»Ich bin wichtig!«

Ich kombiniere mein Training sehr gerne mit besonderen äußeren Rahmenbedingungen. (Wenn ich außen etwas Neues biete, kann ich innen einfacher neue Dinge erreichen.) Viel und gerne nutze ich die Berge. So wandere ich häufig mit Gruppen mehrere Tage durch die Allgäuer Alpen und binde die äußeren Bedingungen fest in den Seminarinhalt ein.

Zum Thema »Leitsätze« mache ich zum Beispiel regelmäßig folgende Übung: Auf Wegstrecken, die über längere Zeit bergauf gehen, lasse ich die meisten ungeübten Teilnehmer zunächst einmal normal gehen. Das Tempo ist sehr gering, aber für »Flachlandtiroler« ist auch dies schon recht anstrengend und ermüdend.
Dann stelle ich folgende Aufgabe: im Rhythmus des Gehens soll sich jeder nun ausschließlich auf den Satz »Es geht ganz leicht!« konzentrieren. Das Ergebnis ist für alle verblüffend. Die anfängliche Müdigkeit ist fast wie weggeblasen, die Atmung normalisiert sich, es geht plötzlich wirklich »ganz leicht«!

Finden Sie aber bitte – neben den vorgegebenen Beispielen – eigene Leitsätze für sich. Sie sollten wirklich zu Ihnen passen und es sollte Ihnen Spaß machen, mit ihnen zu arbeiten. (Sofern man das überhaupt Arbeit nennen kann!)

Neben der Möglichkeit, sich diese Texte so oft wie möglich vorzusagen, können sie aber auch noch folgendes tun:

Schreiben Sie sich Ihren Leitsatz auf kleine Kärtchen, und verteilen Sie sie überall.

Am besten an Stellen, an denen Sie sich häufig aufhalten. Am Spiegel im Bad zum Beispiel, im Auto, auf dem Schreibtisch, in der Küche oder wo immer Sie es für sinnvoll erachten.

Das Unterbewußtsein braucht häufige Impulse. Und gerade zu Beginn werden Sie es wahrscheinlich öfter einmal vergessen, sich mit Ihrer Affirmation zu beschäftigen. Hier können solche Kärtchen eine wertvolle Hilfe sein.

Und ein letztes Wort:
Leitsätze sind im Grunde nichts anderes als **Gebete.** Wenn die Religionen ihre Gebete in Form von Rosenkränzen oder Gebetsmühlen fordern, dann nur, um sie über die Häufigkeit der Wiederholung besser ins Unterbewußtsein (=Gott) einzulegen.

Symbole

Es kann vorkommen, daß Sie mit dem Sprechen und vor allem mit dem Schreiben der Affirmationen etwas Probleme haben.

Da sitzen Sie nun in einem Großraumbüro, wiegen 20 Kilo zu viel und stellen doch glatt auf Ihren Schreibtisch ein Kärtchen mit dem Text »Ich bin schlank, Gott sei Dank!«. Wenn Sie da mal nicht zum allgemeinen Gelächter beitragen!

Hier gibt es einen Ausweg.
Leitsätze sind die Reduktion der inneren Bilder auf Worte. Diese Worte können wir nun aber weiter reduzieren auf **Symbole.**
Symbole können für Sie alles sein, was Sie mit Ihrem Ziel verknüpfen wollen. Ihrer Phantasie sind dabei keine Grenzen gesetzt.

Eine Teilnehmerin eines meiner »Denke Dich Schlank«-Seminare hatte als Affirmation den Satz »Ich bin leicht wie eine Feder« gebildet. Als Symbol wählte sie also Federn. Zuhause angekommen leerte Sie ein altes Kopfkissen und verteilte überall in der Wohnung Federn. Für Fremde war es eine originelle Dekoration, für sie aber ihr Symbol für eine schlanke Figur.
Wenn Sie ein neues Haus haben wollen, verteilen sie überall Spielzeughäuser. Bei einem Auto oder bei Reisen kleine Auto- oder Flugzeugmodelle. Für Ihre Gesundheit können Sie Tennisbälle als Symbol für Ihre wiedergewonnene Fitness nehmen. Natürlich tun es auch Bilder oder Pläne, was immer Sie wollen.

Sinn der Symbole ist, so oft wie möglich mit unseren Zielen in Verbindung zu kommen. Irgendwann werden Sie diese Symbole nicht mehr bewußt wahrnehmem. Erst wenn andere Sie nach ihrer Bedeutung fragen, werden Sie sie wieder bemerken. Aber unterbewußt verbinden Sie mit Ihrem Symbol immer Ihr Ziel und geben somit ständig eine positive Information an Ihr Unterbewußtsein ab.

Meditation

Um die Neu-Programmierung sehr viel schneller ablaufen zu lassen, als dies mit den bereits besprochenen Methoden alleine möglich ist, bedienen wir uns einer »Turbo-Technik«, der *Meditation*.
Seit der Entdeckung des EEG, des Elektroenzephalogramms (der Hirnstromkurve) weiß man, daß unser Gehirn zu unterschiedlichen Zeiten unterschiedliche Aktivitäten aufweist. Es produziert unterschiedliche Frequenzen, Gehirnwellen.
Die dabei entstehenden, verschiedenen Bereiche nennt man auch **Bewußtseinsstufen.**

Im normalen Wachzustand, wenn wir uns mit der physischen Welt im Außen beschäftigen, produziert unser Gehirn Wellen in einem Bereich oberhalb von 14 Hertz. Die Höchstwerte liegen über 30 Hertz, dann, wenn wir sehr aufgeregt sind. Der Schnitt liegt bei etwa 21 Hertz. Diesen Bereich nennt man die »*Beta-Phase*«.
Unter 14 Hertz sinken unsere Gehirnwellen immer dann, wenn wir die Aufmerksamkeit von der äußeren Welt abziehen und uns mehr der geistigen Welt zuwenden. Dies ist besonders im Schlaf der Fall. Dabei gibt es jedoch, wie jeder aus eigener Erfahrung weiß, Phasen, in denen wir sehr tief und fest schlafen, aber auch Abschnitte, in den der Schlaf eher oberflächlich ist. In diesen »wacheren« Phasen träumen wir. Die Schlafforschung hat bewiesen, daß während der Nacht die Traum- und die Tiefschlaf-Phasen häufig wechseln, wir träumen also jede Nacht, und zwar mehrfach. Häufig erinnern wir uns einfach nicht daran.
Die Traumphasen nennt man auch *REM-Phasen,* weil sich die Augen hinter den geschlossenen Lidern ganz schnell hin und her bewegen, als würden wir dem »Film«, der gerade abläuft, mit unseren physischen Augen zusehen. (REM ist die Abkürzung für den englischen Ausdruck »Rapid Eye Movement«, also »schnelle Augenbewegung«).

Der Bereich, in dem wir träumen, liegt zwischen 7 und 14 Hertz und wird als *Alpha-Phase* bezeichnet. Die Zeiten des Tiefschlafs liegen zwischen 4 und 7 Hertz und heißen *Theta-Phase*.
Liegen die Gehirnwellen unter 4 Hertz sind wir bewußtlos. Diese Phase nennt man auch *Delta-Phase*.

Im Überblick

Beta-Phase	14 – über 30 Hz	Äußere Bewußtseinsstufen Wahrnehmung der physischen Welt
Alpha-Phase	7 – 14 Hz	Innere Bewußtseinsstufe Schlaf (Traum)
Theta-Phase	4 – 7 Hz	Innere Bewußtseinsstufe Tiefschlaf (ohne Traum)
Delta-Phase	0 – 4 Hz	Bewußtlos

Wichtig für unser Thema – die Meditation – ist die Alpha-Phase.
In dieser Alpha-Phase ist nämlich das Tor zum Unterbewußtsein, die Schnittstelle vom Bewußtsein zum Unterbewußtsein, besonders weit offen. Dies ist schon allein an der Traumtätigkeit zu erkennen. Hier kommen ganz leicht Informationen aus dem Unterbewußtsein ins Bewußtsein. Wenn das »Tor« einmal offen ist, wenn Informationen aus dem Unterbewußtsein ins Bewußtsein gelangen können, dann funktioniert das auch in die andere Richtung.
Nun werden Sie vielleicht denken:»Toll! Nur wie soll ich mich im Schlaf selbst programmieren?« Die Alpha-Phase ist aber nicht auf die **Traumphase** beschränkt, sondern wir können Sie auch bewußt durch eine Körperentspannung wie bei der Meditation hervorrufen. (In der Alpha-Phase sind wir entspannt – wenn wir entspannt sind, sind wir in der Alpha-Phase.) Informationen, die wir im Alpha-Zustand empfangen, führen also sehr viel schneller zu einer Prägung im Unterbewußtsein. Alles, was wir in dieser Phase sehen, hören, fühlen, tun oder nur einfach denken, wird sehr schnell zu einem Automatismus. Das zu

wissen ist besonders wichtig, da wir nicht nur im Schlaf oder in der bewußt herbeigeführten Meditation diese Alpha-Phase erreichen, sondern sehr viel häufiger.

Die Zeiten *unmittelbar vor dem Einschlafen* oder *nach dem Wachwerden* laufen ebenfalls in der Alpha-Frequenz ab. Ebenso Momente, in denen wir »etwas abwesend« sind, also vor uns hindösen und unseren Gedanken nachhängen. Und überlegen Sie einmal, welcher Art von Gedanken Sie in diesen Momenten nachgehen. Sind es eher positive, konstruktive Gedanken, oder zerbrechen Sie sich den Kopf über alle möglichen und unmöglichen Probleme?

Alles, was Sie in diesen Alpha-Phasen denken, gelangt sehr schnell ins Unterbewußtsein und führt sehr schnell zu einer Prägung, die Sie in Ihrem Verhalten und Ihrer Wahrnehmung beeinflußt.

Dabei ist es gleichgültig, ob die Inhalte für Sie von Nutzen sind oder nicht, und ob Sie das wollen oder nicht.

Bewußtseinsstufen und Alter

Aufgrund der großen Bedeutung, die die Alpha-Phase in unserem Leben bezüglich der Prägung des Unterbewußtseins hat, ist auch das Verhältnis der Bewußtseinsstufen zum Alter sehr interessant.

Alter	vorherrschende Bewußtseinsstufe
bis 4 Monate	Delta
4 – 9 Monate	50% Delta / 50% Theta
1 – 3 Jahre	Theta
4 – 9 Jahre	Alpha und Theta
10 – 16 Jahre	Alpha und Beta
17 – 20 Jahre	Beta (wenig Alpha)
bis 60 Jahre	Beta
hohes Alter	Alpha

Die Tabelle macht deutlich, daß gerade Kinder und Jugendliche vorherrschend in der Alpha-Phase sind und daher alle Informationen, die sie empfangen, zu einer raschen Prägung führen.

Ich erinnere hier an Fernseh- und Videofilme mit all ihren Gewaltszenen, an Kriegsspielzeug, das Vorbild der Eltern im Umgang mit andern und im Umgang mit Drogen (Alkohol, Nikotin etc.) und an das sonstige Umfeld der Kinder wie Schule, Spielkameraden und Hobbies. Ich erinnere aber auch an die Dinge, die wir unseren Kindern tagein – tagaus sagen. Seien Sie sich darüber im Klaren, daß alles, was Sie Ihren Kindern sehr oft sagen, sich in deren Unterbewußtsein verankert und ihr Leben beeinflussen wird. Dies gilt für die (vielleicht seltenen) Ermutigungen, aber vor allem für die »guten Ratschläge« und die entnervten Beschuldigungen. (Überlegen Sie vor diesem Hintergrund bitte einmal welche Auswirkungen folgende Sätze haben können:
»Du bist doch zu allem zu blöd!«, »Aus dir wird nie etwas!«, »Das Leben ist hart!«, »Nimm dich nicht so wichtig!«, »Sei zufrieden mit dem, was Du hast!«, etc., etc., etc.)

Der Vollständigkeit halber: natürlich werden Kinder auch bereits in der Theta-Phase und Delta-Phase geprägt. Da diese Bewußtseinsstufen aber in der Regel nicht bewußt herbeigeführt werden können, beschränken wir uns auf die Alpha-Phase.
Aber auch ein weiterer Punkt wird aus der Tabelle ersichtlich:
Im hohen Alter fallen wir automatisch in die Alpha-Phase zurück. Alles, was alte Menschen den ganzen Tag über so sagen und denken, wird sehr schnell zu einer Prägung führen und somit zu einer »sich selbst erfüllenden Prophezeiung«.
Und einmal ehrlich: Kennen Sie viele ältere Menschen, die vorwiegend positive Gedanken haben?
Wenn Sie also selbst schon zu dieser Altersgruppe gehören, achten Sie besonders auf eine positive Einstellung zum Leben.
Und sollten Sie ältere Menschen in Ihrem Umfeld haben, die Ihnen ans Herz gewachsen sind, so können Sie ihnen keinen besseren Dienst tun, als sie so oft wie möglich auf konstruktive Gedanken zu bringen.

Die Körperentspannung

Um die Alpha-Phase zu erreichen, müssen wir uns also körperlich entspannen.
Dies können wir durch folgende, einfache Übungen erreichen:

Wir begeben uns an einen Ort, an dem wir möglichst ungestört sind, das heißt – wenn machbar – Telefon und Türklingel abstellen, wenn noch jemand im Haus oder in der Wohnung ist, diesen informieren und Schild »Bitte nicht stören« an die Tür hängen.
Wir setzen uns bequem hin. (Im Liegen schläft man zu leicht ein.)
Wir achten darauf, daß die Kleidung schön locker ist (Hosen- oder Rockbund öffnen, Schuhe ausziehen, Kragen öffnen, Brille absetzen).
Um Außengeräusche zu dämpfen und um besser in die Entspannung zu kommen, empfiehlt es sich für Anfänger, eine schöne Meditationsmusik im Hintergrund laufen zu lassen. Später sollten Sie möglichst ohne äußere Hilfsmittel auskommen.
Zuerst atmen wir einige Male tief ein und aus und schließen die Augen.
Wer Probleme hat, die Augen zu schließen, kann zu Beginn einen Punkt, den man bequem sehen kann, fixieren und sich so lange auf ihn konzentrieren, bis die Augen fast von alleine zufallen.
Am besten konzentrieren wir uns zunächst nur auf unsere Atmung. Wir beobachten das Ein- und Ausatmen, ohne es bewußt zu steuern.
Um die Entspannung zu unterstützen, können wir das Wort »Ruhe« innerlich in uns hineinsprechen. Am besten wirkt es, wenn wir beim Einatmen die Silbe »Ru-« und beim Ausatmen die Silbe »-he« sprechen.
Wer solche Entspannungsübungen noch nie gemacht hat, kann es sich dadurch erleichtern, daß er sich auf jedes einzelne Körperteil konzentriert und sich innerlich sagt, daß zum Beispiel »die Füße ganz locker und entspannt sind«.

Wer nach einigem Üben damit Probleme hat, dem empfehle ich die Teilnahme an Kursen über Entspannung oder Autogenes Training.
In der Regel aber kann die Körperentspannung problemlos und recht schnell erlernt werden.
Durch diese Entspannung kommen wir in den besagten Alpha-Zustand, in dem die Informationen, die wir unserem Unterbewußtsein

mitteilen wollen, besonders schnell tief und fest verankert werden. Wichtig ist, daß die Entspannung wirklich ausreichend tief ist. Jeder wird dafür sehr schnell ein Gespür entwickeln. Erwarten Sie aber bitte nicht, daß eine korrekte Entspannung nur dann eingetreten ist, wenn Sie nichts mehr aus Ihrer Umwelt mitbekommen. Viele meinen, es müßte irgendwie »klick« machen, und man sei dann ganz »weg«, hätte vielleicht sogar irgendwelche Erscheinungen. Dies hat nichts mit der Alpha-Phase zu tun.

Zum Beenden der Meditation holen Sie wieder ein paarmal tief Luft, bewegen langsam ihre Hände und Füße und den ganzen Körper, recken und strecken sich, öffnen die Augen und sagen sich innerlich, daß Sie wieder »ganz im Hier und Jetzt« sind.

Wie lange Sie meditieren, hängt einzig von Ihnen selbst ab – wie lange Sie sich Zeit nehmen wollen, wie lange es Ihnen Spaß macht oder welches »Programm« Sie in der Entspannung bewältigen wollen. Sie können also nur wenige Minuten meditieren, sie können aber auch eine Stunde oder mehr in der Entspannung zubringen.
Es gibt hier weder Zwang noch Empfehlungen. Sie werden sicher selbst eine Ihnen angenehme Dauer finden, passend zu den Inhalten, über die Sie meditieren wollen.
Und noch ein letztes Wort:
Die hier beschriebene Systematik ist der Grund dafür, daß die Religionen ein »verinnerlichtes« Beten verlangen, ein »in die Stille der Kirche kommen«.

*Wünsche
sind wichtige Wegweiser
zu unserer Lebensaufgabe,
unserer Berufung.
Wahre Erfüllung und
Selbstverwirklichung
ist dem Menschen
nur möglich über die
Realisierung der in ihm
angelegten Wünsche
und Ziele.*

*Dies entspricht
seinem Lebenssinn.*

Ziele

»Bist du mit deinem heutigen Leben wirklich zufrieden? Wenn ja, dann bist du in Gefahr! Denn restlos zufrieden sein heißt, keine unerfüllten Träume haben. Und wenn wir zu träumen aufhören, beginnen wir zu sterben!« (Robert H. Schuller, Aufwärts zum Erfolg, Landsberg am Lech 1987)

Klingt das für Sie etwas hart?

Wo wir doch alle gelernt haben, mit dem was wir haben, zufrieden zu sein. Wo wir doch alle gelernt haben, uns »nach der Decke zu strecken« und nicht »aus dem Rahmen zu fallen«. Wo es schon fast unanständig ist, angesichts der großen Not in vielen Teilen der Welt noch mehr haben zu wollen. Bescheidenheit und »nimm dich nicht so wichtig!« hat man uns gelehrt. Keine großen Ziele stecken, man könnte enttäuscht werden. Um keine unnötigen Enttäuschungen zu erleben, besser gar keine Ziele setzen. Unumgängliche Enttäuschungen haben wir schließlich schon genug! Eigene Ziele gehen zudem immer zu Lasten der anderen. Wenn ich etwas will, muß ich es zunächst einem anderen wegnehmen.

Wissen Sie was? Vergessen Sie den ganzen Mist einfach! Am besten sofort! Ziele sind tatsächlich das, was uns am Leben erhält. Einen Sinn erhält unser Leben nur, wenn wir Ziele verfolgen. Ob wir uns darüber im Klaren sind oder nicht.

Stellen Sie sich bitte einmal folgendes vor:

Sie stehen an einem Sonntagvormittag bei strömendem Regen knöcheltief in einem riesigen Schlammloch. Sie sind naß bis auf die Haut und die Erde, die Sie wegzuschippen versuchen, klebt fest an Ihrer Schaufel. Und Sie wissen, daß diese Arbeit den ganzen Tag so weitergehen wird.

Ein schönes Bild, oder?
Sicher können Sie sich etwas Besseres vorstellen, was Sie an einem verregneten Sonntagvormittag tun können. Diese Vorstellung erweckt in Ihnen wahrscheinlich keine Hochstimmung. Sie würden vermutlich fragen: »Wozu tue ich das?«
Und da sind wir schon wieder bei Zielen.

Stellen Sie sich jetzt das gleiche Bild noch einmal vor, aber Sie wissen nun, daß Sie auf Ihrem eigenen Grundstück stehen. Sie sind gerade dabei, die Fundamente für Ihr lang ersehntes Eigenheim auszubessern. Durch den Regen sind die Ausschachtungen etwas zusammengefallen, und Montag morgen kommt der Beton für das Fundament. Und plötzlich macht Ihnen das ganze vielleicht sogar Spaß!

Es ist die gleiche Szene, aber das zweite Mal haben Sie ein Ziel vor Augen.
In unserem Leben stehen wir – im übertragenen Sinn – allzu oft in irgendwelchen Schlammlöchern, sind durchnäßt und kaputt, und wissen nicht, wozu das Ganze.
Wie oft haben wir das Gefühl, keinen Sinn hinter bestimmten Dingen zu sehen. Wie oft merken wir, daß wir im Grunde nur hin und her treiben in unserem Leben, ohne eigentlich eine Richtung zu haben.
Und ehrlich: Wann haben Sie sich das letzte Mal Ziele gesetzt, die Sie herausgefordert haben. Mit Zielen meine ich natürlich nicht das Vorhaben, mittags Pommes mit Ketchup essen zu gehen. Es darf schon etwas anspruchsvoller sein.
Ziele sind Aufgaben, die mich reizen, die mich interessieren, die in mir ein besonderes Gefühl auslösen. Ziele sind Visionen, sind Träume, deren Verwirklichung mich in eine absolute Hochstimmung versetzen würde.
Aber leider haben wir verlernt, solche Ziele zu haben.

Als wir das letzte Mal als Kind vielleicht die Absicht äußerten, später einmal Filmstar oder Weltmeister zu werden, so wurde uns dies wahr-

scheinlich mit dem – durchaus gut gemeinten – Ratschlag verdorben:
»Du wirst auch noch sehen, wie schwer das Leben ist!«.
Keine Probleme aufkommen lassen, das liebe Kind vor Mißerfolgen bewahren! Im Laufe unseres weiteren Erwachsenwerdens wurden wir zunehmend »realistisch«, wir lernten Träume auch als solche zu behandeln und schleunigst von diesen »Schäumen« zu lassen. Heute stehen wir unseren Mann oder unsere Frau und wissen oft genug nicht, wozu.
Ich will Ihnen etwas sagen:

Ich glaube, daß diese Träume, die wir früher hatten, und die vielleicht heute immer wieder hochkommen, ganz wichtige Wegweiser für unser Leben sind.

Hier liegt das, was aus einem Beruf eine Berufung machen kann. Auch wenn unsere Träume oder Ziele noch so »unrealistisch« sind. Hier liegt unser Potential, unsere Chance, unsere Lebenserfüllung.
Vielleicht sind Sie der Meinung, daß das ja ganz gut sein kann, aber leider ausgerechnet für Sie nicht zutrifft, da Ihre Wünsche zu ausgefallen sind. (Wie war das mit dem Club?!) Oder vielleicht haben Sie auch gar keine Wünsche. Meinen Sie!
Aber glauben Sie mir, jeder Mensch hat Ziele, hat besondere Neigungen und Interessen, sie sind nur allzu oft verschüttet. Für alle diejenigen, die glauben zu hohe Ziele zu haben, gilt:

»Niemals wird Dir ein Wunsch gegeben, ohne die Kraft, ihn zu verwirklichen!«

Hört sich gut an, oder? Deshalb möchte ich diesen Satz wiederholen und Sie bitten, ihn mit großer Ernsthaftigkeit zu lesen und ihn wirklich zu verinnerlichen.

»Niemals wird Dir ein Wunsch gegeben, ohne die Kraft, ihn zu verwirklichen!«

Es gibt auf unserer Erde nichts, was sinnlos ist.

Sehen Sie sich unsere Natur an. Wozu hätten wir in unserer Luft Sauerstoff, wenn es nicht Tiere und Menschen gäbe, die ihn benötigen.
Wozu hätten wir Wasser und Regen auf diesem Planeten, wenn es nicht Tiere, Menschen und Pflanzen gäbe, die ihn benötigen.

Es ist nicht möglich, daß Sie Wünsche haben, ohne daß gleichzeitig die Möglichkeit besteht, sie zu realisieren. Was hätten sie sonst für einen Sinn. Und einen Sinn hat alles auf dieser Welt. Auch wenn wir ihn – zugegebenermaßen – oft nicht erkennen.
Sie können jetzt vielleicht sagen, daß die Vergleiche hinken. Das mit dem Wasser und den Lebewesen. Wir hätten ja gar keine Lebewesen, wenn wir kein Wasser hätten.
Stimmt! Und genau so hätten wir keine Menschen, wenn es keine Ziele gäbe. Keine Lebensaufgaben, keine Berufungen, keine Wünsche.

»Wünsche sind die Stimme Gottes«, sagt man.

Und das Tolle an diesen Wünschen ist: Wenn wir diesen Wünschen nachgehen, wenn wir daraus wirklich Ziele entwickeln, dann sind wir nicht nur verdammt gut in dem, was wir tun, sondern es macht uns auch noch einen Riesenspaß.

Und – in der Regel – dienen wir dabei auch dem Allgemeinwohl.
Wir sollten aber darauf achten, wo diese Wünsche herkommen. Wenn es nämlich keine eigenen, persönlichen Wünsche sind, kann es gut sein, daß sie nicht einmal dem Allgemeinwohl dienen – und daß sie dann auch einmal nicht in Erfüllung gehen.
Ich glaube, daß wir mit ganz bestimmten Aufgaben auf diese Erde kommen. Daß wir uns bestimmte Lektionen vornehmen, die wir lernen wollen. Um diese Lektionen zu bewältigen, haben wir bestimmte Bedingungen mitgebracht, wie besondere Talente, Vorlieben und Abneigungen und eben Ziele.
Da wir uns nicht bewußt an diese Aufgaben erinnern, werden sie uns in Form von Wünschen wieder vor Augen geführt. Alle Wünsche, die aus dieser Quelle kommen, sind unsere wahren Lebensziele, unsere Berufungen.
Nun gibt es aber eine Reihe anderer Möglichkeiten, wie sich Wünschen bilden.
Denken Sie nur an das Prinzip der Prägung unseres Unterbewußtseins.
Alles, was wir oft genug und/oder mit ausreichendem Gefühl sagen, tun, wahrnehmen oder einfach denken, wird zu einem Automatismus.

Wenn wir in unserer Kindheit immer wieder gehört haben, daß es für uns das Beste ist, den elterlichen Betrieb zu übernehmen, Beamter zu werden oder in die Finanzbranche einzusteigen, dann werden wir dies sehr wahrscheinlich später auch tun. Und wir werden der Meinung sein, es wäre unseren eigenen Wünschen entsprungen.
Wenn wir durch die allgegenwärtige Werbung immer wieder erfahren, daß ein bestimmtes Lebensgefühl untrennbar mit einem bestimmten Produkt verbunden ist, dann werden wir auch dies als Muster verankern und uns entsprechend verhalten. Solange wir nicht selbst die Richtung angeben!

Des weiteren erinnere ich Sie an die Bedürfnispyramide von Maslow. Wenn wir die Löcher nicht auf den entsprechenden Ebenen stopfen, kann dies zur Kompensation führen. Und hiermit auch zu bestimmten Wünschen und Zielen, die nicht wirkliche persönliche Ziele sind, sondern der Kompensation dienen.

Unsere Aufgabe besteht darin, herauszufinden, was unsere eigentliche Berufung ist, und was nur von außen in uns hinein gelegt wurde. Wenn es zu spät ist, also wenn wir uns den Wunsch schon erfüllt haben, merken wir den Unterschied sehr schnell.

Immer wenn wir nach kurzer Zeit schon wieder unzufrieden sind, wenn wir uns denken: »Ja, war's das jetzt?«, wenn uns plötzlich der Aufwand im Vergleich zum Nutzen zu groß war, immer dann sind wir einem »falschen« Wunsch aufgesessen.

Überlegen Sie einmal, wie oft Sie in Ihrem Leben schon ein solches Gefühl gehabt haben.
Sicher schon viel zu oft! Aber das ist im Grunde ganz normal. Wenn wir unserem Unterbewußtsein nicht die Richtung vorgeben, tut es unsere Umwelt. Dann werden wir nicht unsere eigenen, sondern die von außen an uns herangetragenen Ziele verfolgen und erreichen.
Sie können aber rechtzeitig feststellen, wo Ihre Lebensaufgaben liegen, indem Sie Listen zu den folgenden Punkten anlegen:

Dinge, die Sie am besten können.
Ich habe oben schon erwähnt, daß unsere Interessen und Talente nicht zufällig entstanden sind, sondern zu unserem eigentlichen Lebensziel passen. Glauben Sie bitte nicht, Sie könnten nichts wirklich gut und schon gar nichts am besten. Jeder hat bestimmte Qualitäten. Und wenn es »nur« gut zuhören ist.

Dinge, die Sie am liebsten hätten.
Hier geht es nicht nur um materielle Dinge, sondern zum Beispiel auch um innere Ruhe, um eine harmonische Partnerschaft, um Glück oder auch Vertrauen oder Liebe.

Dinge, die Sie am liebsten täten.
Listen Sie hier bitte alles auf, was Ihnen in den Sinn kommt. Ohne Rücksicht auf Ihre jetzigen Verhältnisse, sowohl finanzieller oder familiärer Art. Es geht nicht darum, daß sich einer auf Kosten der anderen verwirklicht, aber wir müssen uns zunächst einmal klar werden über unsere eigenen Bedürfnisse. Erst dann können wir gesunde Kompromisse schließen. Wenn wir immer – aus Rücksicht auf den Partner, die Kinder oder auf irgendwen – unsere Wünsche verdrängen, dann haben wir sie vergessen, wenn sich diese äußeren Faktoren zu unseren Gunsten verändert haben.

Dinge, die Sie daran hindern, das zu tun, was Sie am liebsten täten.
Hier sollten Sie ebenfalls zunächst einmal alles auflisten, was Ihnen einfällt. Darunter können auch Ihr Partner oder Ihre Kinder fallen. Sie müssen sich zunächst über diese Dinge Klarheit verschaffen, bevor Sie vernünftige Kompromisse ins Auge fassen können.

Wenn Sie diese Listen sehr gewissenhaft ausgefüllt haben, dann versuchen Sie, aus allen aufgelisteten Punkten **bestimmte Schwerpunkte** zu bilden. Vielleicht ergeben sich neue **Überbegriffe,** neue Ziele, in die alle anderen plötzlich hineinpassen. Das sind dann Ihre Lebensziele, Ihre Berufung.

Sprengen Sie Grenzen!

Seien Sie bei diesen Listen bitte nicht zu bescheiden! **Sprengen Sie Grenzen!**

»Wir alle leben in festen Grenzen, die uns aufgrund unserer Herkunft, unserer Intelligenz, der Gesetze, unseres Geldes, unserer Beziehungen gesetzt sind. Aus diesen Grenzen gibt es kein Entkommen«.

So, oder so ähnlich heißt es immer wieder, wenn uns von den verschiedensten Seiten »geraten« wird, uns mit dem, was wir haben, zufrieden zu geben. Vergessen Sie es!

Wir sind keinen Grenzen unterworfen. Höchstens denen, die wir uns selber setzen (oder die uns von außen aufgedrückt werden).

Was gab es nicht schon alles für Grenzen, von denen man glaubte, daß sie aufgrund von Naturgesetzen oder Erfahrungen nie zu überwinden seien, und die heute schon lange hinter uns liegen.

Beim 100 m Sprint der Männer hielt man es über Jahrzehnte nicht für möglich, diese Strecke in einer Zeit von zehn Sekunden zu laufen. Man hat sogar »wissenschaftlich« bewiesen, daß diese Leistung wirklich unmöglich ist.

Angefangen bei den Trägheitsgesetzen, den sportwissenschaftlichen Erkenntnissen über Schnellkraftleistungen der Muskulatur, Kontraktionsgeschwindigkeit, Kraft – Masse – Verhältnis bis hin zum Luftwiderstand, alle Komponenten ergaben eindeutig, daß es niemandem gelingen könne, 100 m in 10 Sekunden zu laufen.

Bis einer kam, der an den ganzen »wissenschaftlichen« Zauber nicht glaubte, der sich einfach darüber hinwegsetzte und das Ziel hatte, diese »Schallmauer« zu durchbrechen, Armin Hary. Heute weiß jeder Spitzenathlet, daß diese Leistung möglich ist, und kann sein Training darauf einstellen.

Oder nehmen wir Reinhold Messner, **den** Bergsteiger:

Vor seiner ersten Besteigung eines Achttausenders ohne Sauerstoffgerät bescheinigten ihm zahlreiche Mediziner, daß er dieses Unternehmen nie überleben würde, andere sprachen von enormen Gehirnschädigungen durch die mangelnde Sauerstoffversorgung.

Sein Glaube an die Unbegrenztheit der menschlichen Leistungsfähig-

keit gab ihm recht. Noch heute erfreut er sich bester Gesundheit und unternimmt noch immer »unmögliche« Abenteuer.

Oder gehen Sie einmal in den Zirkus:

Was dort die »Schlangenmenschen« vorführen, ist allein vom Aufbau des menschlichen Skelettes her nicht möglich. Und dennoch tun sie es.

Es gibt in der Tat keine Grenzen!

Auch wenn wir versuchen, den Kosmos nach oben hin oder den Mikrokosmos nach unten zu untersuchen, wir können keine anderen Grenzen erreichen, als die, die uns durch unsere Beobachtungsinstrumente gesetzt sind. Und da liegt häufig »der Hase im Pfeffer«.

Nicht unsere Welt ist begrenzt, nicht unsere Möglichkeiten sind es, nicht wir sind es, sondern einfach unsere Wahrnehmung.

Wir müssen anerkennen, daß es jenseits unserer fünf Sinne unendlich viele Dinge gibt, die wir nicht sehen, hören, riechen, fühlen oder schmecken können.

Viele Bereiche konnten wir uns bereits durch die technischen Errungenschaften erschließen.

Aber auch darüber hinaus gibt es keine Grenzen. Beginnen Sie daher ab sofort, ohne Grenzen zu denken.

Auch politische Grenzen können nur fallen, wenn jemand beginnt, sich das Land ohne diese vorzustellen. Wieviel Glauben, wieviel Kraft muß allein hinter der Vorstellung gesteckt haben, sich die ehemals innerdeutsche Grenze »wegzudenken«.

Aber es hat funktioniert, trotz widrigster Bedingungen.

Es gibt dazu eine schöne Geschichte:

Ein Bauer bot auf dem Markt einen Kürbis an, der die Form eines Kruges hatte. Auf die Frage, wie er denn eine solche Form züchten konnte, sagte er, er hätte über die damals noch kleine Pflanze einen Krug gestülpt.

Der Kürbis ist also in den Krug hineingewachsen, hat die ganze Form ausgefüllt und hat dann – was sollte er auch anderes tun – mit dem Wachsen aufgehört.

Zum Ernten zerschlug der Bauer den Krug und konnte so das Prachtstück zum Verkauf anbieten.

Auch wir haben uns durch unsere Begrenzung häufig einen solchen Krug übergestülpt. Wir können also nur bis zu einer ganz bestimmten Größe und Form wachsen.

Ich verwende auch gerne das Bild eines Gartenzaunes, den wir um uns herum haben und der unsere Bewegungsfähigkeit einengt. Verschieben Sie den Zaun so weit weg, wie Sie wollen. Vielleicht werfen Sie ihn ganz zum Müll.

Wehren Sie sich gegen jede Art der Beschränkung, seien Sie grenzenlos. Wenn Sie jetzt innerlich aufschreien, wenn Sie jetzt protestieren gegen diese Grenzenlosigkeit, kann ich das sehr gut verstehen. Wir alle sind mit diesem »Grenzendenken« aufgewachsen. Und wenn Sie jetzt sagen, daß man realistisch bleiben müßte, dann kann ich auch das verstehen.

Aber überlegen Sie doch einmal, wie »realistisch« waren denn die großen Denker und Erfinder unserer Weltgeschichte.
War es realistisch für einen Menschen des Mittelalters zu fliegen?
War es realistisch, einem Menschen ein fremdes Herz einzupflanzen?
War es realistisch, daß in Deutschland die Mauer fällt?
»Real« ist für uns das, was wir wahrnehmen können. Aber diese Wahrnehmung ist beschränkt: durch unsere fünf Sinne, durch unsere technischen Mittel und schließlich durch unsere gefilterte Wahrnehmung. Natürlich gibt es Dinge, die wir nicht ohne weiteres verändern können! Aber diese würden Sie sich nie zu ändern vornehmen. (Zumindest nicht, wenn es wirklich ein eigener, persönlicher Wunsch ist!)

Seien Sie deshalb mutig, das »Unmögliche« möglich zu machen!

Dieses »Unmögliche« ist sehr viel möglicher, als Sie vielleicht denken.

Um sich das zu beweisen, können Sie folgende Übung ausführen:

Es geht darum, die maximale Dehnfähigkeit Ihrer Oberkörper-Muskulatur und der Sehnen und Bänder zu testen. Stellen Sie sich an einen Platz, an dem Sie bei ausgestreckten Armen ringsum genügend Bewegungfreiheit haben, ohne irgendwo anzustoßen.

Um sich auf die eigentliche Übung vorzubereiten, sollten Sie zunächst einmal den Oberkörper locker links und rechts herum drehen. Die Füße bleiben dabei fest am Boden stehen. Die Bewegung kommt nur aus der Hüfte.

Machen Sie nun bitte folgendes: Strecken Sie den rechten Arm nach vorne und zeigen Sie mit dem Zeigefinger in Augenhöhe nach vorne, als ob Sie jemandem etwas weit Entferntes zeigen wollen. Drehen Sie den Oberkörper samt Arm nach rechts herum. Die Füße bleiben natürlich fest am Boden stehen, die Knie sind durchgedrückt. Sehen Sie bitte dabei immer über Ihren ausgestreckten rechten Zeigefinger, als ob Sie mit einem Gewehr zielen würden. Wenn Sie so weit gedreht haben, wie Sie maximal können, merken Sie sich bitte die Stelle, die Sie mit Ihrem Finger anvisiert haben.

Wiederholen Sie die Übung ein zweites Mal. Da Sie nun vorgedehnt sind, werden Sie wahrscheinlich etwas weiter kommen als beim ersten Versuch. Wenn Sie glauben, es noch weiter schaffen zu können, können Sie die Übung gerne noch ein drittes Mal wiederholen.

Sie haben nun die maximal mögliche Drehweite Ihres Oberkörpers ermittelt.

Schauen Sie sich nochmals die Stelle im Raum an, die Sie als letzte mit dem Finger anvisiert haben, den maximal erreichbaren Punkt also. Suchen Sie sich jetzt einen Punkt heraus, der weiter liegt als Ihr Maximum, einen Punkt also, der ein gutes Stück dahinter liegt, einen Punkt, den Sie aufgrund Ihrer eben ermittelten Dehnungsfähigkeit nicht erreichen können.

Schließen Sie die Augen und stellen Sie sich einfach vor – ohne es tatsächlich zu tun – Sie würden die Übung wiederholen und den neuen Punkt sogar erreichen.

Probieren Sie die Übung wirklich noch einmal. Gehen Sie in die gleiche Ausgangsstellung wie eben, und drehen Sie wieder den Oberkörper nach rechts.

Fast alle Teilnehmer, mit denen ich diese Übung gemacht habe (und das sind in der Zwischenzeit eine ganze Menge!) haben bei diesem letzten Durchgang den neuen Punkt, der eigentlich nicht mehr möglich war, tatsächlich erreicht.

Ein schöner Beweis dafür, daß uns wirklich keine Grenzen gesetzt sind, außer denen, die wir uns selber setzen.

Eigene, persönliche Ziele

Wenn Sie Ihre Listen ausgefüllt und passende Überbegriffe gefunden haben, wenn Sie dabei wirklich grenzenlos waren, dann haben Sie einen einigermaßen guten Überblick über das, was Sie in Ihrem Leben alles erreichen wollen.

Sie wissen aber immer noch nicht, welche dieser Wünsche Ihrem persönlichen Lebensplan entsprechen und welche im Laufe Ihres Lebens von außen in Sie hineingelegt wurden.

Machen Sie bitte einfach folgendes:

Setzen Sie sich hin, entspannen Sie sich (wie zu einer Meditation) und erleben Sie innerlich die Erfüllung Ihrer Wünsche. (Im Grunde der gleiche Vorgang wie bei einer Neu-Programmierung, aber mit einer anderen Absicht.)

Nehmen Sie jeden einzelnen Punkt und sehen Sie sich, nachdem Sie sich diesen Wunsch erfüllt haben. Tun Sie so, als ob Ihr Ziel bereits erreicht wäre.

Gehen Sie bitte in alle Details hinein, erleben Sie alles, was mit diesem Ziel in Verbindung steht.

Sie werden zwangsläufig auch Dinge bemerken, die weniger positiv sind, die Sie aber in der ersten Begeisterung übersehen hatten. Versuchen Sie, diese negativen Seiten einmal ganz bewußt herauszufinden. Woran haben Sie in bezug auf dieses Ziel noch nicht gedacht?

Durch diese einfache Übung können Sie sich mit **allen** Folgen Ihrer Ziele vertraut machen. Häufig vergessen (oder verdrängen) wir die negativen Seiten einer Sache. Aber erst, wenn Sie alle Vor- und Nachteile kennen, können Sie abwägen, ob Sie sich den Wunsch immer noch erfüllen wollen.

Es ist sicherlich chic, einen tollen Sportwagen zu fahren. Und er hat sicherlich seine guten Seiten, die man sich – unterstützt durch Werbung und Gesellschaft – immer wieder vor Augen hält. Wenn Sie bei der Übung eben aber bemerkt haben, daß Sie mit diesem Wagen alle 400 km zur Tankstelle müssen und dort viel Geld loswerden, wenn Sie die anfallenden Versicherungen und Steuern plötzlich als Rechnung vor sich gesehen haben, wenn Ihnen die Inspektions- und Reparaturkosten auf den Magen schlagen, dann haben sie alle Informationen, um eine Entscheidung zu treffen.

Wenn ein Ziel tatsächlich ein persönliches Ziel ist, ein Ziel, das etwas mit Ihrer Lebensaufgabe, mit Ihrer Berufung zu tun hat, dann werden Sie entweder keine negativen Seiten finden oder Sie werden Sie bewußt akzeptieren können.

Wenn Sie etwas geübt sind mit dieser Art, die Wünsche einzuordnen, dann wird Folgendes passieren:

Wenn Sie sich eines Wunsches bewußt werden, stellen Sie ihn sich als erfüllt vor. Und bereits in diesem Moment werden Sie das Gefühl erleben, das Sie vielleicht schon so oft erlebt haben. Sie werden merken, ob Sie die Erfüllung dieses Wunsches befriedigt, ob es sich gelohnt hat, den Weg zu gehen und die Anstrengungen auf sich zu nehmen, oder aber daß es eben doch wieder kein wirklicher, persönlicher Wunsch war.

Hierdurch sind Sie innerhalb kürzester Zeit in der Lage, die »richtigen Wünsche« von den »falschen« zu unterscheiden und somit Ihr Leben immer schneller in Richtung Ihrer wahren Berufung zu lenken.

Ziel – nicht Weg!

Achten Sie bei der Zielformulierung bitte darauf, daß Sie wirklich nur das **Endziel**, das, was dabei heraus kommen soll, anvisieren. Wir neigen aufgrund unserer logisch-rationalen Erziehung dazu, Wege vorwegnehmen zu wollen. Sobald uns ein Ziel in den Sinn kommt, sagen wir uns vielleicht: »Wie soll das denn gehen?« und verwerfen das Ganze wieder. Dabei können wir mit unserem – im Verhältnis gesehen – kleinen Verstand gar nicht alle Möglichkeiten erkennen. Versuchen Sie also, sich das Ziel und nicht die notwendigen Schritte vorzunehmen.

Wenn Sie sich ein Haus wünschen, dann sehen Sie bitte immer nur das Haus, in allen Einzelheiten, nachdem Sie bereits darin wohnen. Sehen Sie nicht das Geld, das Sie dafür brauchen, die Kredite, die Bürgschaften, die Arbeiter oder was sonst noch zu dem Weg gehört.

»Glaubet, daß Ihr empfangen habt, und Ihr werdet empfangen!« steht in der Bibel. Tun Sie so, als ob alles schon so wäre – zumindest in der Vorstellung.

Es gibt so viele Möglichkeiten, wie Sie zu Ihrem Traumhaus kommen können. Mehr, als Sie sich vielleicht erträumen. Ich möchte Ihnen hierzu eine kleine Geschichte erzählen, die mir persönlich passiert ist:

Ich hatte lange Zeit den Wunsch, mir in Südfrankreich ein Haus am Meer zu kaufen. Vom logischen Standpunkt aus ein damals sinnloses Unterfangen. Ich hatte mich gerade als Trainer selbständig gemacht, und das mit Frau und zwei Kindern. Alles vorhandene (und nicht vorhandene) Geld wurde in den Neubeginn gesteckt.

Dessen ungeachtet ging ich dennoch daran, mir dieses Ziel in meiner täglichen Meditation vorzustellen. Ich sah mich dort leben und arbeiten. Ich sah, wie ich auf meinem Rasen hinter dem Haus direkt am Meer saß und Seminarunterlagen bearbeitete. Ich sah das Haus ganz genau, in allen Einzelheiten. Die Lage, die Größe, die Aufteilung der Zimmer, die Inneneinrichtung, den Swimmingpool, einfach alles, was ich mir erträumte. Ich sah es so genau, daß ich sogar Pläne davon zeichnete, die ich ganz stolz meiner Frau präsentierte. Hier »lebte« ich etwa zehn Minuten täglich, intensiv und mit einem guten Gefühl im Bauch. (Kunststück! Bei einem solchen Haus!)

Dies ging circa drei Monate und die Sommerferien standen vor der Tür. Eigentlich hatten wir etwas ganz anderes vor, aber irgendwie ergab es sich, daß wir wieder nach Südfrankreich ans Meer fuhren. (Camping kam unseren Kindern und unserem Geldbeutel entgegen!) Da ich in der Zwischenzeit schon ganz gut auf dieses Haus programmiert war, sagte ich meiner Frau spontan, ich müsse noch einige »gute Kleider« mitnehmen. Ich wollte mich schon einmal in der Immobilienszene dort umsehen, und Villen am Meer in Bermuda-Shorts und Badelatschen zu be-

sichtigen, ist vielleicht für Touristen, nicht aber für potentielle Käufer sinnvoll. Meine Frau stimmte zu. Obwohl sie unseren Kontostand kannte. Sie kannte aber auch die Wirkungsweise der Geistigen Gesetze.

Im Süden – genauer in St. Tropez – angekommen, überkam mich nach einigen Tagen der Tatendrang. Also stieg ich in die mitgebrachten »Sonntagshosen« und in den Wagen, um mich auf die Suche zu begeben. Der Strand von St. Topez liegt etwas außerhalb des Städtchens und so mußte ich noch einige Kilometer fahren. Ich hatte beschlossen, mich ganz nach meinem Bauch, meiner Intuition zu richten. Und so fuhr ich auch an vielen Immobilienbüros, die auf dem Weg lagen, achtlos vorbei.
In St. Tropez angekommen, spazierte ich zunächst einmal zum Hafen, um die Atmosphäre zu genießen: die großen Yachten, die promenierende Schickeria und den köstlichen Milchkaffee. Nachdem ich vielleicht eine halbe Stunde so dagesessen hatte, marschierte ich – immer noch mit einem Ohr »am Bauch« – einfach los.
Nach etwa 50 Metern stand ich in einer ganz kleinen Straße vor einem ganz kleinen Immobilienbüro. Darin stand ein ganz kleiner Tisch mit zwei ganz kleinen Stühlen. Auf den ersten Blick sicherlich kein passender Ort, um ein ganz großes Haus zu finden. Ich ging dennoch hinein. Drinnen saß eine Frau, der ich erklärte, was ich denn so suchte.
»Am Meer!«, wiederholte sie meine Ausführungen. »Sehr schwer! Was darf es denn kosten?« Diese Frage hatte ich befürchtet, doch mit einer grandiosen inneren Sicherheit sagte ich, daß es darauf ankäme, was es für das Geld gäbe. Es wäre mir also zunächst einmal egal.
(Kunststück! Wenn man kein Geld hat, ist es natürlich egal, was etwas kostet!)
Sie kramte nun in Ihren Unterlagen herum (diese bestanden aus erwartungsgemäß ganz kleinen Karteikästchen) und schüttelte ständig den Kopf, wobei sie immer »sehr schwer, seeehhhr schwer!« murmelte. Plötzlich jedoch hellte sich Ihr Gesicht auf und sie zog triumphierend eine Karte hervor.
»Das könnte etwas für Sie sein!«
Wir verabredeten uns – ohne vorher weitere Einzelheiten zu besprechen – für den gleichen Abend, um das Haus gemeinsam zu besichtigen. Dort angekommen fiel ich innerlich quasi in Ohnmacht. Mein Haus! Ein

Haus, das ich mir ersponnen hatte. Das ich so niemals zuvor gesehen hatte. Die Lage, die Form des Hauses, die Aufteilung der Räume, selbst der offene Kamin war an der gleichen Stelle, an der ich ihn in meinen Plänen eingezeichnet hatte. Einige Details waren anders, aber nichts fehlte wirklich. Selbst die Einliegerwohnung mit dem Hausmeisterehepaar (man gönnt sich ja sonst nichts!) war da. Nur hießen Sie anders als in meiner Vorstellung, aber sie waren da, in Fleisch und Blut. Ich war – wie Sie sich vorstellen können – fix und fertig.
Nach außen versuchte ich Ruhe auszustrahlen, inspizierte mit gezücktem Block und Kuli alle Räume, machte Notizen und fand zum Abschied »das Objekt ganz interessant, und ich würde es mir überlegen«.
Zurück am Campingplatz war ich außer mir.
Ich hatte mir ein Haus erdacht. Ich hatte mir etwa drei Monate intensiv täglich vorgestellt, daß ich darin wohnen würde. Und jetzt hatte ich es bei meinem ersten Versuch, beim ersten Makler, bei der ersten Besichtigung tatsächlich gefunden!
Ich hatte ja schon viel erlebt zu diesem Thema, aber so extrem!
Natürlich unterrichtete ich meine Frau sehr genau, und wir beschlossen, am darauffolgenden Tag gemeinsam hinzufahren. Ich wollte einfach einmal mit dem Hausmeister reden und das Haus wie eine Trophäe meiner Frau präsentieren. Ich hatte mir einige Fragen für das Gespräch überlegt. Ich mußte am Tag darauf nicht eine stellen. Der gute Mann erzählte von sich aus alles, was ich wissen wollte.
Besitzerin des Hauses war eine damals 83jährige Dame aus Paris, die das Haus aus gesundheitlichen Gründen nicht mehr benutzt und es deshalb verkaufen will. Neben der Adresse und der Telefonnummer gab er mir noch mit auf den Weg, daß die Frau das Haus selbst erst vor einigen Jahren geerbt und dafür – in Frankreich so üblich – 50 % Erbschaftssteuer gezahlt hat.
Ach ja, Geld. Das Haus sollte die Kleinigkeit von umgerechnet 5.000.000 DM kosten. (Aber egal, wenn man sowieso nichts hat.) Nach dem Urlaub wieder zu Hause angekommen telefonierte ich zunächst mit Paris. Ja, sie habe schon gehört, daß ich mich für das Haus interessiere, und ich könne gerne einmal vorbeikommen.
Gesagt, getan. Also fuhr ich nach Paris. Und dort legte ich die Karten auf den Tisch: Ich, kein Geld. Aber das, mein Haus! Ich erzählte der net-

ten, etwas gebrechlichen Dame die ganze Geschichte, so, wie sie sich zugetragen hatte.
Sie war zunächst einmal sehr traurig darüber, daß ich kein Geld hatte. Und das sicherlich nicht aus verkäuferischen Gründen. Sie fand mich – wie sie mir bestätigte – sehr sympathisch, sie war begeistert, daß ich Kinder hatte, sie mochte mich einfach.
Sie fragte, was ich anzahlen könnte. Und dies ist um so erstaunlicher, wenn man weiß, daß sie einige Wochen zuvor einen potentiellen Käufer abgewiesen hatte, der bei einem Nachlaß von nur 150.000 DM sofort gekauft hätte.
Hier ist die Geschichte auch schon fast zu Ende.
Ich habe das Haus bis heute nicht in meinem Besitz. Ich habe aber inzwischen auch andere Ziele.
Aber der Clou ist: Die Frau hat keine Erben. Wenn Sie stirbt, fällt das Haus an den Staat: Und der hat schon 50 %. Das kann sie nicht wollen!
Es besteht die Chance, daß sie – wenn sie das Haus noch in ihrem Besitz hat – irgendwann Torschlußpanik bekommt und das Haus einfach verschenkt. Und sie hat meine Adresse!

Eine verrückte Geschichte! Aber wahr! Wie läuft so eine Geschichte normalerweise ab? Man hat einen Wunsch: ein Haus am Meer! Man überprüft die Möglichkeiten und stellt fest: kein Geld! Und das war's dann!
Fragen Sie nie danach, wie Sie etwas bekommen können. Ihr Unterbewußtsein ist so unendlich klüger als Sie. Sagen Sie ihm einfach, was Sie wollen.
Und dieses »einfach sagen, was Sie wollen« ist ein zentraler Punkt.
Das einzige – und das meine ich jetzt ganz ernst – was Sie im Leben wirklich tun müssen, ist Ihrem Unterbewußtsein unmißverständlich zu sagen, was Sie haben wollen.

In der Bibel steht:

»Bittet und Ihr werdet empfangen. Klopfet an und es wird Euch aufgetan.«

Aber Sie müssen bitten! Sie müssen anklopfen!

Natürlich ist es damit allein nicht getan. Aber es ist die Grundvoraussetzung für den Erfolg. Wenn Sie nicht sagen, was Sie haben wollen, dürfen Sie sich nicht beschweren, wenn Sie nichts bekommen.
Wenn Sie nicht selbst bestimmen, wo es hingehen soll, bestimmen es eben andere.
Wenn Sie nicht selbst leben, werden Sie gelebt.
Deshalb, hören Sie auf Ihre innere Stimme, hören Sie auf Ihre Wünsche und teilen Sie sie Ihrem Unterbewußtsein mit. Täglich! In der im nächsten Kapitel beschriebenen Form.
Dann wird es Sie automatisch in diese Richtung lenken.
Gehen müssen Sie natürlich selbst. Aber Sie sind ja bisher auch gegangen. Sie wurden bisher auch automatisch in Ihrem Verhalten, Ihrer Körperlichkeit und Ihrer Wahrnehmung von Ihren Prägungen gesteuert.
Nun haben Sie aber Ihren Kurs in eine Richtung festgelegt, der Ihnen Lebensglück, Erfüllung, Erfolg, Gesundheit und was Sie sich sonst noch wünschen garantiert.

Und noch ein Tip:
Behalten Sie – zumindest solange Sie noch »Anfänger« in dieser Methodik sind – **Ihre Ziele zunächst einmal für sich.**
Natürlich sollten Sie Menschen, die direkt von Ihren Zielen betroffen sind, auch rechtzeitig darüber informieren. (Wenn Sie also zum Beispiel vorhaben, nach Kanada auszuwandern, sollten Sie das zumindest mit Ihrem Ehepartner besprechen!)
Dieses »Für-sich-behalten« hat folgenden Hintergrund:
Erstens sind wir umgeben von sogenannten »guten« Ratgebern. Menschen, die – ohne es vielleicht böse zu meinen – uns vor schlechten Erfahrungen bewahren wollen.

Wenn Sie jetzt also voller Euphorie erzählen, daß Sie zum Beispiel 20 Kilo abnehmen wollen, kann Ihnen Ihr Umfeld das ganz schnell wieder ausreden. »Wie soll denn das gehen?«, »Alles Schabernack!« oder was Sie auch sonst noch so hören werden.

Hinzu kommt häufig, daß Veränderungen in der Regel gar nicht gerne gesehen werden. Die anderen haben sich auf Sie eingestellt, so wie Sie jetzt sind. Wenn Sie sich nun verändern, müßten sich die anderen

ja zwangsläufig auch ändern. (Vielleicht hätten die anderen dann auch nur keine Ausrede mehr, selbst dick zu sein!)
Gute Ratschläge sind – bei näherer Betrachtung – oft nur für diejenigen gut, die diese Ratschläge erteilen. Ich will damit jetzt nicht sagen, Sie sollten sich nie mehr einen Rat holen, oder daß jeder es nur auf seinen Vorteil abgesehen hat.
Ich möchte Ihnen aber die Chance geben, wirklich unvoreingenommen Ihre Erfahrungen mit diesem Thema zu machen. Wenn Sie Ihr Ziel erreicht haben, werden die anderen von ganz alleine kommen und verwundert fragen, wie Sie das denn geschafft haben.
Lassen Sie sich also nicht um die Möglichkeit bringen, Ihre Ziele wirklich zu erreichen. Testen Sie es erst einmal für sich. Sie können nur gewinnen dabei.
Der zweite Grund, warum Sie Ihre Ziele zunächst für sich behalten sollten, ist folgender:
Wenn Sie sich heute ein bestimmtes Ziel setzen (bleiben wir einmal bei dem Abnehmen der 20 Kilo), dann kann sich dieses Ziel auch wieder verändern. Wir verändern uns ständig und mit uns verändern sich natürlich auch unsere Ziele.

Durch die Beschäftigung mit diesem Thema kann es zum Beispiel passieren, daß Sie erkennen, daß Ihre Figur gar nicht ein solches Problem ist. Sie waren bisher vielleicht der Meinung, nur schlank ein vollwertiger Mensch zu sein. Nun lernen Sie, ein anderes Selbstwertgefühl zu entwickeln und Sie sind plötzlich zufrieden mit Ihrer Figur.
Jetzt haben Sie aber allen versprochen, daß Sie abnehmen werden. Und trotz heftigen Widerstandes haben Sie vielleicht laut getönt, daß 'die anderen schon sehen werden, daß Sie es schaffen'.
Nun sind Sie natürlich in einer Zwickmühle. Und es kann passieren, daß Sie das Ziel dennoch weiter verfolgen, nicht für sich, sondern für die anderen.
Aber dann leben Sie ja schon wieder nicht Ihr Leben, sondern das Leben der anderen. Und das wollten Sie doch eigentlich ändern!

*Jeder Mensch
hat einmalige,
einzigartige Qualitäten,
die er zu seinem
Lebenserfolg
nutzen kann.
Er muß sie lediglich
ent-decken.
Alles ist bereits
in ihm angelegt.*

Das Programm

Um die Programmierung noch etwas verständlicher zu machen, stellen Sie sich vor, daß in unserem Unterbewußtsein zu jedem Thema eine Röhre existiert, in die die Informationen abgelegt werden. Sie kennen dieses Modell sicher von der Ziehung der Lottozahlen.
Jeder Gedanke – und somit natürlich jedes Wort, jede Tat, jede Wahrnehmung oder jedes Gefühl – wird in die entsprechende Röhre gelegt. Keine dieser Informationen geht je verloren. Der Röhreninhalt steigt also immer weiter an. Wenn eine bestimmte Höhe erreicht ist, wird das Unterbewußtsein diesen Inhalt automatisieren. Wir haben nun eine bestimmte Prägung.
Da es zu jedem Thema eine solche Röhre gibt, existieren natürlich auch Röhren, deren Inhalte sich widersprechen. So haben wir zum Beispiel eine Röhre für »dick« und eine Röhre für »schlank« (oder jeweils eine für alle Bereiche, die dazwischen liegen. Der Deutlichkeit halber wollen wir hier aber nur dieses einfache Modell besprechen).
Die Automatik wird nun über die Röhre laufen, die den meisten Inhalt hat, die wir also im Laufe unseres Lebens am meisten gefüllt haben. Wer Figurprobleme hat, hat sich öfter und/oder mit mehr Gefühl mit dem Thema »dick« beschäftigt als mit dem Thema »schlank«. Die Röhre »dick« hat daher mehr Inhalt, der Automatismus wird über diese Röhre gesteuert. (Alle Betroffenen wissen, wie automatisch das tatsächlich funktioniert!)
Wenn Sie sich also auf »schlank« programmieren wollen, müssen Sie so lange Informationen in die »schlank«-Röhre geben, bis sie mehr Inhalt hat als die »dick«-Röhre.
Diese Informationen bekommen wir – wie gesagt – zum einen über **häufige Wiederholung.** Sie müssen sich also immer wieder mit dem Thema »schlank« beschäftigen.
Jedesmal, wenn Sie wieder einmal einen Gedanken an »dick« verschwenden, wird aber auch das gespeichert, die »dick«-Röhre holt also wieder etwas auf.
Das gleiche gilt für das **Gefühl.** Informationen, die mit viel Gefühl ver-

bunden sind, führen sehr schnell zu einer Prägung. Das bedeutet für unser Modell folgendes:
Jeder Gedanke hat eine bestimmte »Höhe«, um die der Inhalt der Röhre ansteigt. Je größer das Gefühl ist, mit dem dieser Gedanke verbunden ist, um so mehr wächst die Röhre. Ein zehnmaliges, gleichgültiges Wiederholen des Leitsatzes »*Ich bin schlank*« kann den gleichen Effekt (also die gleiche Höhe) haben wie ein einmaliges, mit großem Frust verbundenes »*Ich bin viel zu dick*«.
Hier liegt auch die Erklärung, warum es notwendig ist, die *eigentlichen Ursachen* eines äußeren Symptoms zu beseitigen.
Wenn Sie zum Beispiel deshalb zu dick sind, weil Sie Angst vor körperlicher Nähe haben, dann werden die Informationen mit diesem Inhalt die »dick«-Röhre ansteigen lassen. Wenn Sie die Neuprogrammierung ausschließlich über das Thema »schlank« vollziehen wollen, so kann dies funktionieren, wenn Sie einfach öfter und mit größerem Gefühl an »schlank« denken als an »dick«. Da aber die eigentliche Ursache nicht behoben ist, werden auch immer wieder Informationen zu »dick« kommen. Eine bereits durchgeführte Umprogrammierung (der Inhalt der »schlank«-Röhre ist höher ist als der der »dick«-Röhre) kann wieder umgedreht werden. Deshalb ist es erforderlich, sich mit der Ursache zu beschäftigen, warum man zu dick ist.
Das gleiche Spiel läuft im Grunde mit der Röhre »Nähe« und der Röhre »Distanz«. Da die Automatik auf »Distanz« steht, werden immer wieder Infos darüber – automatisch – ausgegeben. Die Automatik muß also zunächst auf »Nähe« umgestellt werden. Dies funktioniert nach dem gleichen Prinzip, häufige Wiederholung und viel Gefühl. Wenn also von hier nur noch »Nähe« ausgesandt wird, wird dies eine Information sein, die automatisch auch die Röhre »schlank« füllt.
Parallel zur Umprogrammierung der eigentlichen Ursachen müssen wir natürlich das Ziel ebenfalls in unser Programm einbinden. Da die »schlank«-Röhre in der Regel sehr viel »Nachholbedürfnis« hat, müssen wir mit den beschriebenen Mitteln alle Möglichkeiten nutzen, um hier die Automatik zu installieren.
Dabei kommt ein weiterer wichtiger Punkt zum Tragen:
Solange die Informationen, die in die entsprechende Röhre fallen, keine großen Auswirkungen haben, wird sich der Vorgang recht problemlos gestalten. Wir können also in aller Ruhe den Programm-

mierungsvorgang ablaufen lassen. Wenn aber die bestehende Automatik »bedroht« wird, wenn also die »schlank«-Röhre langsam aber sicher die kritische Marke der »dick«-Röhre erreicht, wird sich der *bestehende Automatismus zu wehren* beginnen. Er wird alles daran setzen, die jetzige Automatik zu retten. (Dies ist im Grunde eine tolle Einrichtung. Denn wozu soll eine Automatik gut sein, wenn sie beim ersten Problem sofort ihren Dienst quittiert?!)
Wir spüren dieses »sich wehren« zumeist durch Gedanken ans Aufgeben. Die Automatik versucht uns ganz geschickt zu manipulieren und uns einzureden, 'das Ganze hat doch keinen Sinn', oder 'es klappt ja doch nie'.
Immer wenn Sie während des Programmierens den großen Frust erleben, wenn Sie aufgeben wollen, dann ist das ein *gutes Zeichen*. Es zeigt Ihnen, daß Sie fast am Ziel sind. Jetzt gilt es, weiterzumachen, jetzt gilt es, nachzulegen. Wenn Sie jetzt dran bleiben, haben Sie gewonnen, dann wird das alte Programm nicht mehr automatisch laufen. Von diesem Zeitpunkt an werden Sie von einer neuen Automatik gesteuert, aber nun von einer, die Sie auch wirklich haben wollen.

Nun aber zur eigentlichen Programmierung:

Suchen Sie sich ein Ziel, das Sie erreichen möchten, und machen Sie ihren Plan wie folgt:

– *Schreiben Sie sich zunächst dieses Ziel einmal auf.*

– *Überlegen Sie sich dafür ein ansprechendes Bild. Gestalten Sie Ihren Zielfilm. Überlegen Sie sich genau, wie das Ergebnis aussehen soll – nicht der Weg –, formulieren Sie ein richtiges Drehbuch.* (Die detaillierte Vorstellung des Endergebnisses ist auch deshalb wichtig, damit Sie tatsächlich merken, wenn Sie Ihr Ziel erreicht haben. Die einzelnen Punkte sind also auch »Zielerkennungskriterien«)

– *Reduzieren Sie dann den Film auf einen passenden Leitsatz. Formulieren Sie in knappen, prägnanten Worten Ihr Ziel.*

- *Reduzieren Sie den Leitsatz auf ein Symbol, und verteilen Sie dieses an allen möglichen – und vielleicht auch unmöglichen Stellen.*
- *Suchen Sie sich einen Ort und eine Zeit, zu der Sie Ihre tägliche Meditation ausführen. Am besten, Sie binden die Meditation fest in Ihren Tagesablauf ein wie das Essen oder das Zähneputzen.*

Machen Sie nun bitte folgendes:

- *Setzen Sie sich zur gewohnten Zeit an Ihren Meditationsort und entspannen Sie sich.*
- *Lassen Sie Ihren Zielfilm in allen Einzelheiten vor Ihrem geistigen Auge ablaufen. Wenn er sehr kurz sein sollte, können Sie ihn auch mehrmals wiederholen.*
- *Achten Sie darauf, den Film mit möglichst viel Gefühl zu erleben. Im Idealfall haben Sie während der Meditation ein leichtes Lächeln im Gesicht. Genießen Sie es einfach, Ihr Ziel – zumindest in Ihrer Vorstellung – bereits erreicht zu haben.*
- *Sprechen Sie, während Sie Ihren Film weiter sehen, innerlich Ihren Leitsatz in sich hinein. (Hierdurch wird eine enge Verknüpfung von Zielbild und Leitsatz erreicht.)*
- *Lassen Sie auch Ihr Symbol in Ihrem Film auftauchen. (Hier wird das Symbol fest mit dem Ziel verankert.)*
- *Lassen Sie die innere Stimme verklingen, lassen Sie langsam den Film und das Symbol verblassen, beenden Sie Ihre Programmierung.*
- *Holen Sie wieder tief Luft, bewegen Sie sich und öffnen Sie die Augen. Im Idealfall hält das gute Gefühl, das die Meditation erzeugt hat, noch lange (am besten bis zur nächsten Meditation) an.*

Außerdem:

- *Sprechen Sie so oft wie möglich im Laufe des Tages Ihren Leitsatz (laut oder leise in sich hinein)!*
- *Gestalten Sie Ihre Umgebung möglichst schon in Richtung auf Ihr neues Ziel! (Hängen Sie Bilder von Ihrem Ziel auf, räumen Sie die*

Wohnung um, besuchen Sie Gegenden, wo Sie Ihr Ziel sehen und erleben können.)

– *Verteilen Sie überall Ihr Symbol!*
– *Achten Sie auf Ihre Worte und Gedanken! Sie sollten immer in Richtung auf Ihr Ziel weisen!*
– *Umgeben Sie sich möglichst mit positiven Menschen, die Sie unterstützen.*
– *Machen Sie einen Aktionsplan: Sie kennen Ihr Ziel. Teilen Sie das große Ziel – wenn möglich – in Teilziele und gehen Sie die einzelnen Schritte hintereinander. (Wenn Sie zum Beispiel ins Ausland auswandern wollen, ist es vielleicht notwendig, zunächst die Sprache zu erlernen. Damit können Sie bereits heute beginnen.)*
Wichtig! In der Meditation immer nur das Endziel sehen!
– *Übernehmen Sie die Verantwortung für die Erreichung Ihres Zieles. Fragen Sie sich immer:*
»Bringt das, was ich gerade tue, mich meinem Ziel näher?« Wenn nein, lassen Sie es einfach bleiben, wenn ja, fahren Sie damit fort!
– *Und die Krönung:*
Fragen Sie sich immer:
»Wenn ich sicher wäre, mein Ziel zu erreichen, was würde ich dann tun? Wie würde ich mich verhalten? Wie würden ich handeln? Heute?! Jetzt?!«
Und dann tun Sie es tatsächlich!

Und noch ein letztes Wort: Alles, was wir hier besprochen haben, ist kein neuartiges Programm, keine Technik, die Sie jetzt anwenden können oder bleiben lassen.

Sie machen das alles schon Ihr ganzes Leben lang.

Seit Sie auf der Welt sind (das heißt bereits im Mutterleib), programmieren Sie sich durch die Art Ihrer Gedanken, durch Ihre Wahrnehmungen, durch Ihr Sprechen und Ihr Tun. Nur meistens unbewußt, ohne daß Sie sich darüber im Klaren sind.

Es geht lediglich darum, diese Systematik zu kennen, zu verstehen und Sie fortan bewußt und gezielt einzusetzen.

Glaube

Beim Thema der geistigen Gesetze wird immer wieder der Glaube erwähnt. Alle Religionen dieser Welt bauen auf dem Glauben.
»Glaube versetzt Berge« bestätigt uns die Bibel. (In diesem alten Buch werden übrigens alle hier erwähnten geistigen Gesetze in hervorragender Form – allerdings meist verschlüsselt – bereits gelehrt.)

In unserer Thematik heißt Glaube die innere Gewißheit, daß das, was ich mir als Ziel vornehme, auch tatsächlich eintreten wird. Also eine klare Übereinstimmung meines logischen, rationalen Denkens, meines Bewußtseins und meiner unterbewußten Prägungen. Die Inhalte des Bewußtseins und des Unterbewußtseins sind identisch.
Da diese Identität aber – wie wir gesehen haben – über eine häufige Wiederholung und/oder starke gefühlsmäßige Anteilnahme hervorgerufen wird, können wir bestimmte Dinge nicht glauben, wenn sie nicht bereits im Unterbewußtsein verankert wurden.
Wenn wir also neue Ziele erkennen, wenn wir eine vollkommen neue Richtung in unserem Leben einschlagen wollen, dann können wir daran zunächst noch gar nicht glauben. Wenn ich als Kind gelernt habe, daß ich »nie zu etwas kommen« werde, wenn ich durch diese Prägung auch schon mehrfach die entsprechende Erfahrung verursacht habe, dann werde ich natürlich nicht glauben können, daß ich doch einmal etwas Tolles erreichen kann.
Der Glaube kann erst wachsen, wenn wir die neuen Inhalt verinnerlicht haben.

Wichtig ist also weniger der Glaube an das Erreichen Ihres Zieles, als die Disziplin, die Neuprägung des Unterbewußtseins wirklich in der beschriebenen Form durchzuführen.
Wenn Sie dies getan haben, werden Sie es von ganz alleine glauben.

Spätestens dann, wenn Sie die Ergebnisse im Außen feststellen können.

Das einzige, was Sie zum Thema Glauben vielleicht negativ beeinflussen könnte, ist die Möglichkeit, daß Sie das, was ich hier geschrieben habe, nicht glauben. Wenn Sie der Überzeugung sind, daß sich das Ganze recht nett anhört, vielleicht sogar bei dem ein oder anderen zutrifft, aber mit Sicherheit nicht für Sie, dann werden Sie es natürlich erst gar nicht versuchen. Wozu auch? Es wird ja – Ihrer Meinung nach – sowieso nicht funktionieren.

Tun Sie sich aber bitte den Gefallen, und probieren Sie es einfach aus. Zunächst mit kleinen Dingen. Und wenn Sie ganz erstaunt feststellen, daß es tatsächlich so ist, dann werden Sie auch glauben, daß Sie alles andere erreichen können.
Und ich weiß, daß Sie wirklich alles erreichen können.
Ich weiß, wenn etwas in Ihrem Unterbewußtsein verankert ist, werden Sie es glauben.
Und wenn Sie es glauben, werden Sie es erreichen.

Infomaterial

über den Autor und seine Veranstaltungen erhalten Sie bei:

Motivation und Persönlichkeitsentwicklung
Clemens Maria Mohr
z.h.Herrn Siegfried Lanz
Sonnenbichlstr.4
88149 Nonnenhorn
Tel. 08382 / 9971 -06 Fax -05

Literatur

Arndt, Roland: *Leben nach eigener Regie*
München 1989

Bach, Richard: *Die Möwe Jonathan*
Frankfurt/Main 1972

Birkenbihl, Vera F.: *Stroh im Kopf*
Speyer 1983
Erfolgstraining
München 1990

Carnegie, Dale: *Wie man Freunde gewinnt*
Bern 1981
Sorge dich nicht – lebe!
Bern 1984
Der Erfolg ist in dir
Bern 1993

Dethlefsen, Thorwald: *Schicksal als Chance*
München 1979
Krankheit als Weg
München 1983

Diamond, Dr. John: *Der Körper lügt nicht*
Freiburg 1990

Enkelmann, Nikolaus B.: *Die Formel des Erfolges*
München 1992

Freitag, Erhard: *Kraftzentrale Unterbewußtsein*
München 1982

Gawain, Shakti: *Stell Dir vor*
Basel 1984

Griscom, Chris: *Die Heilung der Gefühle*
Berlin 1988

Hay, Louise:	*Gesundheit für Körper und Seele* München 1989 *Heile Deinen Körper* Freiburg 1989
Hill, Napoleon:	*Denke nach und werde reich* Genf, 1966
Höller, Jürgen:	*Alles ist möglich* Düsseldorf 1995
Kopmeyer, M. R.:	*Wunscherfüllung* Genf 1982 *Lebenserfolg* Genf 1982
Lassen, Arthur:	*Heute ist mein bester Tag* Mespalomas 1989
Mann, Dr. Rudolf:	*Der ganzheitliche Mensch* Düsseldorf 1991
Meyer, Hermann:	*Die Gesetze des Schicksals* Basel 1987
Mohr, Clemens Maria:	*Die kleine Fee in Dir* Kleinblittersdorf 1992 *Der Kreislauf des Geldes* Kleinblittersdorf 1992
Molcho, Samy:	*Körpersprache* München 1983
Murphy, Joseph:	*Die Macht Ihres Unterbewußtseins* Gütersloh 1962
Peale, Norman Vincent:	*Die Kraft Positiven Denkens* Gütersloh 1952
Ponder, Catherine:	*Bete und werde reich* München 1981

Redfield, James:	*Die Prophezeiungen von Celestine* München 1994
Robbins, Anthony:	*Grenzenlose Energie – Das Power Prinzip* München 1991
Schellbach, Oskar:	*Mein Erfolgssystem* Freiburg 1977
Schuller, Robert H.:	*Aufwärts zum Erfolg* Landsberg am Lech 1987
Sheldrake, Rupert:	*Das Gedächtnis der Natur* Bern 1990 *Die Wiedergeburt der Natur* Bern 1991
Silva, José:	*Die Silva-Mind-Control Methode* München 1987
Tegtmeier, Ralph:	*Der Geist in der Münze* München 1988
Tepperwein, Kurt:	*Kraftquelle Mentaltraining* Genf 1986
Tompkins / Bird:	*Das geheime Leben der Pflanzen* Bern 1973
Ulsamer, Bertold:	*Erfolgstraining für Manager* Düsseldorf 1992
Vester, Frederic:	*Denken, Lernen, Vergessen* Stuttgart 1978
Wilde, Stuart:	*Affirmationen* München 1991

Stichwortverzeichnis

Affirmation 102
Aggression 20
Alpha-Phase 109
Auslöser 31
Aussagen, positive 103
Aussehen 30
Automatismus 24
Backster, Cleve 40
Bedürfnisse, soziale 20
Beta-Phase 108
Bewußtsein 16
Bewußtseinsstufe 108
Bilder 90
Bindung, emotionale 32
Club 76
Delta-Test 80
Delta-Phase 109
Depression 21
Eigenverantwortlichkeit 67
Eigenverhalten 50
Erinnerung 53
Feld, morphogenetisches 36
Fernsehen 42
Figur 28
Gebet 106
Gegenwartsform 102
Gesetze, geistige 13
Gesundheit 31
Gewalt 70
Glaube 139
Grenzen 121
Grundbedürfnisse 19
Grundbedürfnisse, körperliche 19
Ich-Bedürfnisse 20
Kinder 6
Kompensation 21
Konditionierung, klassische 53
Körperentspannung 112
Körperlichkeit 27
Körpersprache 27

Krankheit 31
Leitsätze 90
Maslow, Abraham Harold 18
Meditation 91
Neutraltest 80
Pawlow 53
Probleme 59
Programm 134
Programmierung 89
Reflex, bedingter 53
REM-Phase 108
Rhythmus 105
Selbstverwirklichung 22
Selbstwertgefühl 21
Sheldrake, Rupert 36
Sicherheit 19
Spiegel 50
Symbol 91
Sympathie 41
Theta-Phase 109
Traum 109
Unterbewußtsein 16
Unterbewußtsein, kollektives 38
Unternehmensvision 101
Ursache 59
Verhalten 26
Vermeidungsverhalten 52
Verstand 16
Vision 101
Visualisierung 94
Wahrnehmung, gefilterte 42
Wahrnehmung, gefilterte, unterbewußte 44
Weg 126
Wellen 41
Wiederholung 24
Wunsch 22
Wunschverhalten 51
Ziel 115
Zufall 64